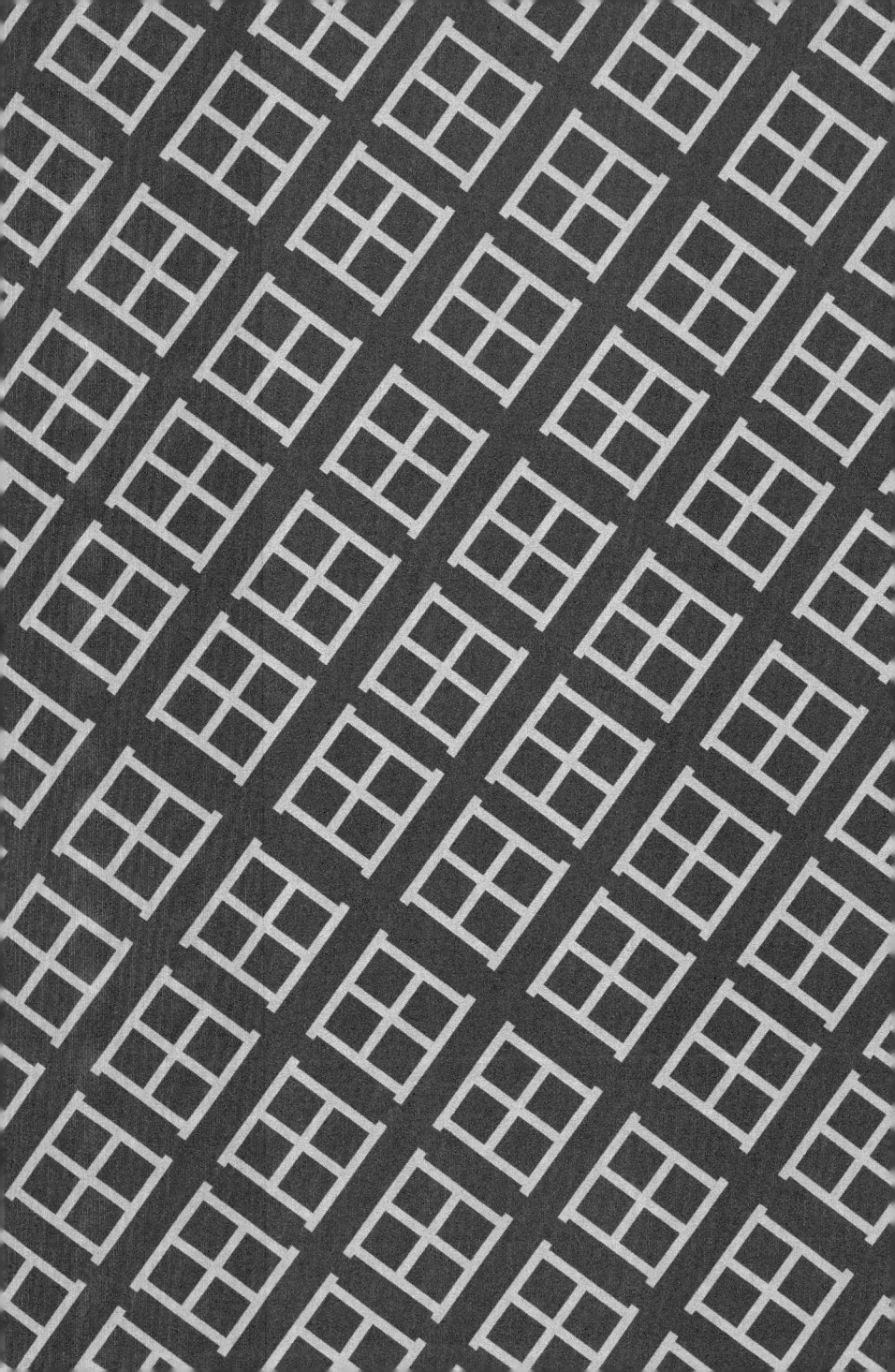

VIAJE A LA HABANA

Verbum Narrativa
Dirigida por: EUGENIO SUÁREZ GALBÁN

Novelas y relatos de autores clásicos y contemporáneos. Entre las figuras más significativas presentes en la colección, destacan los nombres de: Mario Vargas Llosa, Mario Szichman, Miguel de Cervantes, Benito Pérez Galdós, Enrique Jardiel Poncela, Miguel de Unamuno, Ramón del Valle Inclán, Pablo de la Torriente Brau, Vicente Blasco Ibáñez, Luis Coloma, Juan Pérez Zúñiga, Jaime Marchán, Consuelo Triviño, Gerardo Pérez Sánchez, Víctor Fuentes, Gloria Macher, Claudio Aguiar, Luis Martínez de Mingo, Antonio Cavanillas de Blas, Lourdes Vázquez, Josefina Verde, Roberto Payró, entre otros.

CONDESA DE MERLIN

Viaje a La Habana

Edición de
MARÍA CABALLERO WANGÜEMERT

© del Estudio Preliminar, María Caballero Wangüemert, 2006
© Editorial Verbum, S. L., 2006
Tr.ª Sierra de Gata, 5
La Poveda (Arganda del Rey)
28500 - Madrid
Teléf.: (+34) 910 46 54 33
e-mail: info@editorialverbum.es
https://editorialverbum.es
I.S.B.N.: 978-84-7962-380-7
Depósito Legal: SE-6276-2006 U.E.
Diseño de colección: Pérez Fabo
Fotocomposición: Slocum, S.L.
Preimpresión: Adrians Esquivel Romero
Printed in Spain / Impreso en España

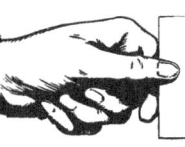

Este libro ha sido impreso con papel ecológico procedente de bosques sostenibles.

Fotocopiar este libro o ponerlo en red libremente sin la autorización de los editores está penado por la ley.

Todos los derechos reservados. Cualquier forma de reproducción, distribución, comunicación pública o transformación de esta obra solo puede ser realizada con la autorización de sus titulares, salvo excepción prevista por la ley.
Diríjase a CEDRO (Centro Español de Derechos Reprográficos, www.cedro.org) si necesita fotocopiar o escanear algún fragmento de esta obra.

ÍNDICE

Estudio preliminar.. 9

Apuntes biográficos de la señora Condesa de Merlin, por Gertrudis Gómez de Avellaneda.. 45

CARTA I
El espectáculo del mar. La proximidad a la patria. Las velas y el vapor. Matanzas, Puerto Escondido, Santa Cruz. Jaruco. La Fuerza Vieja. El Morro. 59

CARTA II
La cárcel de Tacón. La Habana. Aspecto de la ciudad. Santa Clara. Movimiento y fisonomía del puerto. Las calles y las casas. 65

CARTA III
Interior de la familia. Lujo en la mesa. Comida de los criollos. Mi tío el conde de Montalvo. Una fiesta en el campo. Las mujeres y los regalos. Los caminos. El sol de los Trópicos. La noche en La Habana. El derecho de asilo. Los asesinatos. José María y Pedro Pablo. Los perros y los bandidos. Las calles por la noche. Paseo de Tacón. 73

CARTA IV
Una ilusión. Melomanía de los negros. Aptitud de los habaneros para las artes. Los dos teatros. 87

CARTA V
De la sociedad habanera. Comerciantes y propietarios. La usura. Los monumentos de historia. El Templete. La ciudad vieja y la nueva. La rada. Siesta de una guarnición. Carácter habanero. 91

CARTA VI
Los guajiros 95

CARTA VII
La vida en la Habana. Escena nocturna. La muerte. El lujo de los entierros. Los negros de duelo. El cementerio. El obispo Espada. La misa. La Catedral. Ensayo de arquitectura indígena. La virgen. Sepulcro de Cristóbal Colón. Santa Elena y Cuba. 109

CARTA VIII
Las dos veladas. Mi pariente el observador. El velorio. El zacateca. Los calzones del muerto. Don Saturio. Velar el mondongo. El lechón. El matador. El zapateado. Costumbres del pueblo y costumbres rústicas. El desayuno en la finca. 121

CARTA IX
Las costumbres íntimas. Las Pascuas. 131

CARTA X
Un día en La Habana. Mediodía. La una. La seis. La noche. Los quitrines y las volantas. 165

Estudio preliminar

1. LA CONDESA DE MERLIN, UNA MUJER ENTRE DOS MUNDOS

Viaje a la Habana (1844) es un texto firmado por *la bella criolla*, María de las Mercedes Santa Cruz y Montalvo, condesa de Merlin (La Habana 1789 - París 1852), cubana y parisina, una de las mujeres relevantes del XIX, siempre a caballo entre dos mundos, lo que se refleja en su biografía y escritura. Nacida en el seno de una familia perteneciente a la aristocracia cubana en la lejana América colonial residuo del imperio, vivirá los tiempos napoleónicos de la mano de su marido, el general Merlin y el ambiente de los salones parisinos en los que las mujeres aprenden a reinar sobre el género masculino. Y ya viuda, sentirá el deseo de realizar el viaje a los orígenes, de recuperar la infancia mitificada por la lejanía espaciotemporal. Así, en 1840 embarca para Cuba, vía Estados Unidos de Norteamérica. El resultado de sus anotaciones, con la consiguiente reescritura, constituirá *La Havane* (1844) [1], 36 cartas en francés y en volumen triple que verán la luz junto a una reducida versión española (10 cartas), su *Viaje a la Habana* [2]. Éste último es el texto que pretendo rescatar del olvido en la presente edición.

Pero, ¿por qué viajar, por qué aventurarse en una travesía peligrosa, abandonando la seguridad de la vieja Europa? En respuesta, sus detractores lanzarán dardos envenados: no tiene dinero y su posición social resulta equívoca tras la muerte del marido... En busca de una respuesta mejor, ¿por qué no escuchar a la condesa? "¡Oh, hija mía!, ¡a qué inspiración tan hermosa he obedecido cuando, para cumplir un deber, he emprendido un viaje tan largo y tan peligroso" –dirá en una de sus primeras cartas–. Inspiración... cumplimiento del deber, ¿a qué se refiere la hermosa cubana? ¿Se deja arrastrar por los vientos de la historia o acaso ha madurado un plan? Mujer escindida entre dos mundos, la cubana sucumbe a la añoranza del país natal y, una vez en viaje, al hilo de las reflexiones con que se dirige a su hija –Carta II–, elabora toda una teoría sobre la patria:

---

[1] Paris, Librairie d´Amyot éditeur.
[2] Justo Zaragoza. *Viaje a la Habana por la condesa de Merlin*. Precedido de una biografía de esta ilustre cubana por la Señorita D.ª Gertrudis Gómez de Avellaneda. Madrid, Imprenta de la Sociedad Literaria y Tipográfica.

El corazón se me oprime, hija mía, al pensar que vengo aquí como una extranjera [...]. ¿Qué derecho más sagrado que el de vivir en el suelo donde se ha nacido? La sola propiedad incontestable del hombre debe ser ésta, la patria.

En ese sentido, el viaje será un éxito, no sólo por la capacidad de fusión con el medio y de apropiación afectiva a través de la memoria que manifiesta la protagonista, sino por el reconocimiento que obtiene de los suyos. Así, la desorientada mujer que toca tierra habanera –Carta II a su hija– es acogida por un nombre que resuena en el aire, en boca de primos y tío: ¡Mercedes! La condesa de Merlin vuelve a ser la niña Mercedes... la mujer de mundo afrancesada es asumida por la patriarcal familia hispana.

Viajar, entonces, para reencontrarse con la tierra; viajar para conocer de primera mano la tierra natal y poder opinar en consecuencia... Ya en la dedicatoria de su *Viaje*... desvela sus propósitos: su misión consiste en mediar entre Cuba y España, en tender puentes entre América y Europa. Ante todo, con un sentido político: dar a conocer a la metrópoli las necesidades y recursos de su colonia, cuyos males señala con afán de servicio al progreso nacional, desde el concepto ilustrado de utilidad –por eso el libro está dedicado a los compatriotas cubanos–. En segundo lugar, y acorde al exotismo romántico que invierte *avant la léttre* el famoso binomio sarmientino civilización/barbarie, reivindicar los valores cubanos –"maravillas del suelo, inefable belleza del clima, encantadoras virtudes de esta peculiar Arcadia"– frente a una Europa eternamente tentada por el complejo de superioridad.

Pero viajar para escribir, aunque ampare su texto bajo el tópico de la falsa modestia, como veremos después. Ese sublime atrevimiento le lleva a arrogarse un papel tradicionalmente masculino: a la hora de opinar, se inscribe en la estela de Humboldt y los viajeros europeos, de los estadistas públicos, de los grandes reformadores políticos del Siglo de las Luces... "Jamás he indicado un mal –dice– sin poner al lado la indicación del remedio"... Sólo que ¡quien habla es una mujer!... Pontificar es subversivo, por lo que conviene abrirse paso en la escritura desde lo subjetivo y femenino –recuerdos, sentimientos, el ámbito de la casa y la familia cubana reencontrada– y en el molde de la carta, íntima por su destinatario –su hija, sus amigos franceses–. Desde allí se atreve a dar el salto a la opinión "masculina", en absoluto desdibujada dentro del texto, sino pórtico de la obra con un destinatario político, el general O´Donnell. Como recuerda Cámara, en su caso:

> lo verdaderamente innovador es utilizar un género como la crónica de viaje, definido, cuando escrito por una mujer, como una colección de apuntes subjetivos, para proponer reformas económicas y sociales, o criticar, si bien tímidamente, un estatus colonial que entonces se daba como

natural. La hazaña de la Condesa fue atreverse a opinar sobre el tema del destino nacional, lo cual era tarea de los Padres de la Patria, no de sus díscolas hijas [3].

Algunos datos de su apasionante biografía puedan, tal vez, desvelar la personalidad de la condesa de Merlin, si bien se impone la cautela dado que proceden de sus obras autobiográficas, *Mes douze premières années* (1831) y *Souvenirs et mémoires de madame la Comtesse Merlin, publiés par elle-même* (1836). En el primero relata su infancia cubana, mientras que en las *mémoires* en cuatro tomos, asumiendo y enlazando con lo anterior, narra su vida en España desde los once años hasta la retirada de las tropas napoleónicas en 1813, con uno de cuyos generales se acababa de casar. En ambos casos, se trata de recuerdos y vivencias de infancia y adolescencia desde el prisma de la mujer de mundo francesa que escribe para ese público, lo que obviamente condiciona su escritura. "Pienso porque siento y escribo lo que siento": ésas son sus palabras que traslucen una poética lúcida y nada inocente.

María de las Mercedes Santa Cruz y Montalvo nació en La Habana (1789) en el seno de una familia de rancia nobleza española establecida siglos atrás en la Cuba colonial, los condes de Jaruco. Ello explica la atracción por Europa, las largas estancias paternas en la metrópoli muy en contacto con Godoy y la corte madrileña, que tenían amplios intereses comerciales en el Caribe. Nada más nacer la niña queda hasta las ocho años al cuidado de su bisabuela, "Mamita", porque los padres se establecieron en Madrid. La pequeña, sensible e inteligente, aprende a leer y crece rápido consentida por todos. La vuelta y breve estancia del padre en la isla con un alto cargo político le ponen en contacto con la oligarquía habanera del azúcar, a la que pertenece por familia. Conocerá las plantaciones, descubrirá la esclavitud y curioseará en las tertulias paternas: la casa del conde de Jaruco reúne a lo más granado de la sociedad habanera y, además, por allí pasan visitantes ilustres, como el duque de Orleáns (futuro Luis Felipe I) o el barón de Humboldt. Todo ello por poco tiempo: el padre retorna a España, no sin antes dejarla interna contra su voluntad en el convento de Santa Clara. Aburrimiento, rebeldía.... la indómita muchacha decide escaparse y así lo hace, ayudada por una amiga, sor Inés, que andando el tiempo será la protagonista de su segunda obra literaria, *Histoire de Soeur Inés* (1832). Por fin, el 25 de abril de 1802 abandona la isla reclamada por sus padres que estaban en Madrid. Toca puerto en Cádiz, pasa por Sevilla y Aranjuez y llega a la capital. Es una niña, pero apunta ya la espléndida criolla que llegará a ser:

---

[3] Cámara, Madeline. Prólogo a *La memoria hechizada. Escritoras cubanas*. Barcelona, Icaria, 2003, p. 10.

A los once años ya había llegado a todo mi tamaño y, aunque muy delgada, estaba tan formada como cualquiera otra a los diez y ocho. Mi color de criolla, mis ojos negros y animados, mi pelo tan largo que costaba trabajo sujetarle, me daban cierto aspecto salvaje, que se hallaba en relación con mis disposiciones morales... Viva y apasionada con exceso, no vislumbraba la necesidad de reprimir mis emociones y mucho menos la de ocultarlas [4].

1.1. Madrid y sus salones. *Las primeras escritoras hispánicas*

"La historia cultural del Siglo de las Luces apunta que algunas damas nobles establecieron tertulias o salones en Madrid: la marquesa de Sarriá, la condesa-Duquesa de Benavente y Osuna, la condesa de Montijo y la Duquesa de Alba son los nombres citados con frecuencia" [5].

Si bien nunca tan brillantes como los franceses, Madrid tuvo sus salones. Uno de los más reputados a comienzos del XIX fue el de Teresa Montalvo, condesa de Jaruco, cubana asentada en Madrid junto a su marido, cuyos salones "reunían lo más granado de la vida social madrileña al final del reinado de Carlos IV" [6]. Tras el luto por la muerte de su marido (1807) y siempre a la sombra de su tío el general O´Farrill, ministro de guerra con Fernando VII y decidido partidario de José Bonaparte después, la condesa reabre su salón por el que transitan ministros, diplomáticos, escritores y artistas. La joven Mercedes se educa en ese ambiente, uno de los centros más brillantes del Madrid afrancesado de 1810: allí conocerá, entre otros, al pintor Goya y a literatos como Moratín, Arriaza o Quintana; incluso será presentada al nuevo rey. No en vano su madre, la "bella cubana", vivió hasta su temprana muerte (1809) un idilio con Bonaparte quien, atraído también por la belleza e inteligencia de la hija, impulsó su matrimonio (1811) con uno de sus mariscales, Christophe Antoine (1771–1839), a quien otorgará el rango de conde (1809).

El salón español no propició la escritura femenina al nivel del país vecino. Habrá que esperar a la segunda mitad del XIX para que surjan escri-

---

[4] Merlin, Condesa de. *Mis doce primeros años*. La Habana, Imprenta El Siglo XX, 1922, p. 97.
[5] Sullivan, Constance A. "Los escritores del siglo XVIII", en Zavala, Iris (coord.). *Breve historia feminista de la literatura española (en lengua castellana), IV. La literatura escrita por mujer (De la Edad Media al siglo XVIII)*. Barcelona, Anthropos y Editorial de la Universidad de Puerto Rico, 1997, p. 317.
[6] Martínez Gómez, Juana y Mejías Alonso, Almudena. *Hispanoamericanas en Madrid (1800-1936)*. Madrid, Horas y Dirección General de la Mujer, 1994, p. 14.

toras que naturalicen el acto de escribir, es decir, propongan la escritura como algo natural para la mujer [7]. Son escritoras de segunda fila –Grassi, Sáez de Melgar– entre las que destaca Pilar Sinués de Marco (1835-1893), que producen novelas morales y educativas, las denominadas novelas de la domesticidad. Textos cuya cosmovisión está en las antípodas de las mujeres que brillan en los salones como la futura condesa de Merlin que, por cronología y espíritu, nunca pudo aprender de ellas. Pero, no cabe duda, llega el momento en que las mujeres "toman la palabra"... La mujer comenzaba a escribir en los periódicos, en cuya actividad se afianzará a lo largo del siglo [8] también en Hispanoamérica: *La Camelia* (1852) y *La educación* (1852), en las que trabaja Rosa Guerra; el *Álbum de señoritas* (1854), de Juana Manso; *La Alborada del Plata* (1877-1880), editado por Juana Manuela Gorriti y *El Búcaro americano* (1896), creado en Buenos Aires por la peruana Clorinda Matto de Turner; o el *Álbum cubano de lo bueno y de lo bello* (1860), impulsado en Cuba por Gertrudis Gómez de Avellaneda dan fe de esta actividad, que conjuga dos vertientes: lo femenino y lo feminista, la adecuada educación del "ángel del hogar" y la bandera igualitaria. En ambos casos corren aires educativos propiciados también por los varones: Vicente G. Torres en México; Montt, Amunátegui y Sarmiento en Chile son buenos ejemplos al respecto.

Curiosamente fueron cubanas las mujeres pioneras en los salones y el mundo cultural madrileño de la primera mitad del XIX. Gertrudis Gómez de Avellaneda (1814-1873) es la excepción que confirma la regla en el desierto de la escritura femenina al alcanzar el preciado galardón: ser presentada en el *Liceo Artístico y Literario* a su llegada a la capital en 1840. Desde ese momento, será "habitual" en los jueves del Liceo y se consagrará como poeta y dramaturga en esta década y la siguiente; si bien no tuvo la dicha de ser admitida en la *Real Academia Española* debido a su condición femenina. Será Gertrudis quien apadrine la edición española del *Viaje a la Habana* en el momento de su publicación, coincidiendo con la apoteosis de su triunfo: goza del favor de intelectuales, público e incluso de los Reyes. Y se le nota un cierto resquemor hacia la condesa, con la que tiene paralelismos –la travesía atlántica y un sentimiento de exilio– aunque la sabe mejor colocada socialmente. Alabará su trayectoria con los piropos de rigor, pero en el tramo final de su presentación afloran los desacuerdos.

---

[7] Cfr. Blanco, Alda. "Escritora, feminidad y escritura en la España de medio siglo", en Zavala, Iris (coord.), *Breve historia feminista...*, op. cit., V. *La literatura escrita por mujer (Del siglo XIX a la actualidad)*, pp. 9-38.
[8] Cfr. Arambel-Guiñazú, María Cristina y Martin, Claire Emilie. *Las mujeres toman la palabra. Escritura femenina del siglo XIX*, tomos I y II. Madrid, Iberoamericana, 2001. El capítulo dos del tomo I que lleva por título "La prensa feminista" es un interesante muestreo de las principales plumas.

1.2. Mujeres, salones y escritura: la biografía parisina

El levantamiento contra los franceses supone el fin de la estancia madrileña de María de las Mercedes: en 1813 acompaña a su marido en la retirada hacia tierras galas que se hizo siguiendo el itinerario Madrid–Valencia–Zaragoza–Jaca, traspasando la frontera vía París. Allí se instala el matrimonio en torno al defenestrado José Bonaparte. En poco tiempo, la condesa, criolla culta, discreta y poseedora de talentos musicales [9], supo abrirse camino inaugurando un salón mientras criaba a sus tres hijos.

El salón francés en torno a damas adineradas, independientes y con una cierta cultura, que congregaban a intelectuales y debatían las obras de sus contemporáneos era ya una realidad en el siglo XVII, como lo prueba la famosa "querella de las preciosas" cuya punta de lanza fueron las sátiras de Molière, *Les précieuses ridicules* (1659) y *Les femmmes savantes* (1672). La joven Santa Cruz y Montalvo irá organizando su vida bajo los sucesivos reinados de Napoleón, Luis XVIII y Carlos X; y contará con modelos ilustres, como la marquesa de Rambouillet por cuyos salones pasaron la marquesa de Sablé, Madame de la Fayette y una jovencísima Madame de Sevigné. En el XVIII habían triunfado, entre otras, Madame de Châtelet, Madame de Tencin, Madame de Lespinasse, Madame Geoffrin, Madame Necker y su hija, Madame de Staël, la introductora del romanticismo [10]. Esta última tuvo un gran éxito con sus novelas *Delphine* (1802) y *Corinne* (1807) que modelaron la sensibilidad femenina tanto en Francia como en el mundo hispánico. A su autora le preocupó la educación de la mujer en libertad, una mujer capaz de elegir y de evitar ser arrastrada por pasiones que le lleven a la desgracia [11].

¿Cuál era el ambiente del salón? Hubo distintos niveles, desde la coquetería al intelectualismo. Se conversaba sobre filosofía, arte, literatura y música... se componían novelas a varias manos, en el ámbito de unas relaciones sentimentales teñidas de neoplatonismo, donde cabían galanteos de todo tipo. Protegidas por ese círculo semiprivado las mujeres se atrevían a leer sus escritos, o a interpretar al piano; en definitiva, "llevaban a cabo el aprendizaje de las estrategias necesarias para el intercambio político y cultural" [12]. De la oralidad a la escritura, el salón es el espacio que permite consolidar la escritura femenina:

---

[9] Así la define Claire Emilie Martin en su artículo "La condesa de Merlin y *Mis doce primeros años*: o el contradiscurso de la subjetividad romántica", en *Alba de América*, 10, julio 1992, núms. 18 y 19, pp. 195-202.
[10] Cfr. Torras Francès, Meri. *Tomando cartas en el asunto. Las amistades peligrosas de las mujeres con el género epistolar*. Prensas Universitarias de Zaragoza, 2001.
[11] Cfr. Lefouin, Claire. *Le roman d´apprentissage au féminin*. Paris, Ellipses, 1995.
[12] Arambel-Guiñazú, María Cristina y Martin, Claire Emilie. *Las mujeres toman...*, op. cit., tomo I, p. 12.

Resulta de interés la relación entre el salón y la carta como los espacios culturales femeninos por excelencia, ya que regulan y canalizan la palabra de la mujer [...]. Prolongación *natural* del arte de la conversación ejercitado en los salones, la carta favorece el desarrollo de una voz original. El paso de la palabra oral a la escrita introduce, además, un cambio radical en la construcción del yo que se autorrepresenta según pautas estratégicas [13].

El salón propició la costumbre de que las cartas corrieran de mano en mano: "Sistema para transmitir noticias, vía rapidísima de contacto, red de interrelaciones, ámbito semiprivado al que dedicarse a escribir sin censura" [14], la carta engloba todo y permite ir adquiriendo un estilo "natural", al pasar de una cosa a otra en aparente desorden; apariencia calculada para hacerse perdonar la intromisión en la cultura. De ahí el tono simple, inmediato, incluso negligente que llevó en su momento a La Bruyère (en *Les caractères*, 1684) a alabar la superioridad femenina en el género epistolar.

En el polo opuesto, la carta fue también el vehículo para la educación de las mujeres impulsada en gran medida desde las esferas reales. Se sabe que Fenelon y Madame de Maintenon inauguraron el programa de educación para la mujer, encaminado al hogar, y que ésta fue una alternativa al modelo de las *salonnières*. La Maintenon fue una incansable educadora y utilizó sistemáticamente la carta como medio de comunicarse con sus alumnas. Incluso generó todo un arte epistolar para ellas, a tono con lo que se comenzaba a estilar en la culta Europa. No sólo proliferan modelos de escritura a modo de manual, sino que se editan antologías de epistolarios, entre los que sobresalen los de Madame de Sevigné. Tanto el destinatario como los temas –el abandono amoroso que sufren las mujeres y la relación madre e hijo– son femeninos pero, curiosamente, los editores suelen ser hombres. ¿Tal vez un modo de avalar la escritura femenina?

Pero, además, conviene recordar que a partir del XVIII la carta fue uno de los cauces favoritos de la narrativa. El sentimentalismo confesional y cierto afán de autoanálisis, muy representativo del prerromanticismo europeo, encontraron su cauce en la novela epistolar [15], con éxitos como la *Pamela* (1740) de Richardson, *La Nouvelle Héloïse* (1759) de Rousseau, *Las tribulaciones del joven Werther* (1774) de Goethe, *Les liaisons dangereuses* (1782) de Choderlos de Laclos, y el *Oberman* (1804) de Senancour; este último mo, impulsado por la excelente crítica de Sainte-Beuve, es en parte relato

---

[13] Ibidem, p. 20.
[14] Torras Francès, Meri. *Tomando cartas...*, op. cit., p. 62.
[15] Cfr. Spang, Kurt. "La novela epistolar. Un intento de definición genérica", en *Géneros narrativos, Rilce,* Universidad de Navarra, 2000, pp. 639-656.

de viajes. Modelos posibles para la condesa que con seguridad conoció muchas, si no todas estas obras [16] y que cuando decidió encorsetar su libro de viajes dentro de la estructura epistolar contaba con precedentes ilustres muy cercanos.

Por el salón de María de las Mercedes transitaron políticos –lord Palmerston, el general Lafayette, el conde D´Orsay...– y literatos como George Sand, Chateaubriand o Balzac, quien la llevó a la ficción. George Sand fue una mujer rompedora; su vagabundeo artístico–amoroso constituye una actuación sin precedentes en el mundo femenino. Denominada "la Sevigné del XIX" por su correspondencia ininterrumpida en la que proclama sus ansias de libertad, sueños y reivindicaciones, escribió varias novelas de éxito –*Indiana* (1831), *Valentine* (1832), *Lelia* (1833) y *Consuelo* (1842–45)– y unas memorias que comenzó a redactar sobre 1827 y aparecieron entre 1854 y 55 con el título *L´Histoire de ma vie*. En resumen, hay puntos de contacto entre ella y la condesa de Merlin, quien le dedica una de las cartas de su *Viaje a la Habana*.

En el salón también hubo músicos, porque la cubana llegó a ser una intérprete afamada, amiga de Rossini y de María Malibrán cuya biografía publicó bajo el título de *Les loisirs d´une femme du monde* (1838). Allí recibió a sus amigos isleños, entre los que se contaron Domingo del Monte, José Antonio Saco y José Luis Alfonso, quienes le prestarán una valiosa ayuda aportándole materiales para su libro *La Havane*.

La década del treinta es fecunda para la incipiente escritora: será ahora cuando publique con éxito sus obras más importantes, las memorias ya citadas, que están escritas desde el prisma de la mujer de mundo. En *Mes douze premières années* (traducida al castellano en 1838 por Agustín de Palma), *Histoire de Soeur Inés, episode de mes douze premières années* (1832) donde funde los dos textos aludidos, así como en los cuatro volúmenes de *Souvenirs et Mémoires...* estalla la tensión entre lo privado (el yo y lo familiar) y el acto público de escribir, "lo que conduce a la condesa a crear una voz narrativa escindida y a ofrecer un contradiscurso que debe ser leído entre líneas" [17]. Algo sobre lo que volveré al hablar de su taller de escritura. En cualquier caso, darse a conocer a través de memorias es un acierto, "aplaca toda posible crítica [...] le otorga el espacio donde inscribir su experiencia y afirmar, modesta y virtuosamente su autoridad" [18]. Como Sor Juana Inés de la Cruz, escribe a pedido –la destinataria, su amiga Leonor, mero subterfugio ya que aparecerá exclusivamente en dos ocasiones– y no sin escudarse

---

[16] Cfr. Dufief, Pierre-Jean. *Les écritures de l'intime de 1800 à 1914. Autobiographies, Mémoires, journaux intimes et correspondances*. Paris, Bréal, 2001.
[17] Martin, Claire Emilie. "La condesa de Merlin"..., op. cit., p. 196.
[18] Ibídem, p. 197.

en el tópico de la falsa modestia: "muy lejos de mi la pretensión de ser autora" –dirá–. Sus libros se redactan en francés porque ése es su público y la lengua que hizo propia al instalarse en el mundo galo: no sólo los periódicos femeninos de la época, los "ecos de sociedad", sino también la duquesa de Abrantes y Sainte–Beuve, entre otros, aludieron a ella con alabanzas y el propio Balzac la retrató en sus novelitas *Las Maranas* y *Beatriz*, además de inspirarse en ella para crear otros personajes femeninos [19].

A la muerte de su marido (1839) y tras su viaje a La Habana donde permaneció desde mediados de mayo hasta finales de julio de 1840, la condesa fue abandonando la vida de salón que tan bien retrató en su penúltima obra publicada, *Les lionnes de Paris* (1845), una sátira con el tono amargo de quien ya va de vuelta. Su final parisino es de ocaso y problemas económicos reflejados en la correspondencia con su amante y colaborador el bibliotecario Philarète Chasles. Le conoció todavía casada –los críticos suponen que a ello se debe el que las primeras cartas no estén fechadas, si bien sus *Memorias* dejan entrever una excelente relación matrimonial–. Sea como fuere, contamos con una amplia correspondencia que muestra el itinerario de la pasión al desencanto, con las quejas subsiguientes. Al principio, el corazón de la condesa late precipitadamente como el de una jovencita: no hay más que leer sus cartas desde el balneario de Baden, 9 de agosto de 1841, durante un viaje ocasional ya viuda:

Amigo, amigo, amigo... no sabré expresaros lo que mi alma experimenta leyéndoos... Es amor, ternura, luego una turbación, una lava ardiente que corre por mis venas y se aviva en mi corazón, triste y desesperado de no veros... Sí; Dios nos ha hecho el uno para el otro y oigo resonar por doquier este acuerdo divino, que definís tan bien vos [20].

Como sucede con el epistolario de Gertrudis Gómez de Avellaneda, en los momentos álgidos de la pasión la condesa se olvida del protocolario "Ud." para pasar a la calidez del tuteo. Aún sabiéndose mujer de carácter y voluntad más firme que la media, sucumbe a las "afecciones tiernas" y confiesa dos días después su desvalimiento amoroso: "¿No sabéis que no valgo para nada el día en que no hallo mi cartita en la carpeta, a las siete, cuando vuelvo del baño?" –le dirá–. Lo que no le impide tocar tierra a continuación

---

[19] Cfr. Vásquez, Carmen. "*Histoire de soeur Inés*, de la condesa de Merlin, relato de una mujer crítica de su época", en *La Torre*, Río Piedras, Puerto Rico, 6, 1992, núm. 21, pp. 85-103.
[20] Condesa de Merlin. *Correspondencia íntima*, extraída del estudio biográfico, bibliográfico e iconográfico, publicado acerca de tan notable personaje por Domingo Figarola-Caneda, traducido del francés por Boris Bureba, con un prólogo y notas biográficas de la Condesa y de su colaborador y amigo Philarète Chasles por Doña Emilia Boxhorn, viuda de Figarola-Caneda. Madrid-Paris, Industrial Gráfica Reyes, 1928, p. 66.

y preocuparse por la recepción de sus obras mostrando vocación literaria y sentido práctico de empresaria en este terreno, como veremos en su momento. Algo que se mantendrá incluso cuando las relaciones comiencen a zozobrar, porque el bibliotecario demostró no estar a la altura ni en lo amoroso ni en lo profesional. Salvador Bueno, que editó el *Viaje...* en Cuba el pasado siglo, opina que... "la Merlin era la dama encumbrada que Chasles necesitaba para auparse en aquellos medios aristocráticos"[21]... y tal vez no le falte razón. La condesa acabó por cubrir sus deudas, arruinándose ella misma y lamentando amargamente haber mezclado los asuntos económicos con el amor: "que no se trate más de dinero entre nosotros" –le rogará en carta de 14 de noviembre de 1842, desde el castillo de Dissay, residencia de su hija–. En cualquier caso y durante un tiempo les seguirán ligando cuestiones profesionales. Por fin, ella morirá en París el 31 de marzo de 1852.

2. EL VIAJE AL NUEVO MUNDO: MEMORIAS Y LIBROS DE VIAJE EN EUROPA E HISPANOAMÉRICA

El viaje como transgresión y descubrimiento –el diario de a bordo del Almirante– abre la historia y la literatura del Nuevo Mundo [22]. Aún así y a pesar de su presencia como estructura o motivo literario desde los orígenes de la cultura occidental –léase la *Odisea*, la *Eneida*, los *Relatos verídicos o Verdadera Historia* de Luciano, los viajes de Marco Polo, las *Cartas persas* de Montesquieu, *El Quijote* o *El lazarillo de ciegos caminantes*....– nunca fue considerado un género canónico, sino más bien paraliteratura. La crítica de fines del siglo XX se esforzó en consignar tipologías y modalidades –travesía épica, peregrinación alegórica, bildungsroman... o, por el contrario, simple paseo turístico cuajado de anécdotas narrativas [23]–, en el marco de la triple intencionalidad –documental, ideológica o estética–. Es evidente la porosidad de fronteras entre el relato de viaje literario y el que no lo es; sin olvidar la fecundidad literaria del viaje imaginario, el sueño como viaje o el salto a la utopía que tantas veces tuvo como referente a América [24].

---

[21] Bueno, Salvador. Introducción a *Condesa de Merlin. Viaje a la Habana*. La Habana, Arte y Literatura, 1974, p. 55.
[22] Cfr. Aínsa, Fernando. "El viaje como transgresión y descubrimiento. De la Edad de Oro a la vivencia de América", en Peñate, Julio (ed.). *Relato de viajes y literatura hispánica*. Madrid, Visor, 2004, pp. 45-70.
[23] Cfr. Silva, Lorenzo. "Vivir y viajar, hacerse uno y hacerse otro", en Peñate, Julio (ed.). *Relato de viajes...* op. cit., pp. 33-43.
[24] Cfr. García Castañeda, S. (comp.). *Literatura de viajes. El Viejo Mundo y el Nuevo*. Madrid, Castalia, 1999.

El XVIII, al hilo de las exploraciones geográficas, puso de moda el relato de viaje científico –Bougainville, Humboldt, Darwin–... el viaje como experiencia de lo otro, lo desconocido o extraño. Desde las crónicas de Indias –recuérdense los *Naufragios* de Álvar Núñez Cabeza de Vaca–, esa extrañeza abre la puerta a la ficción. Ficcionalizar el viaje está en la naturaleza misma del relato, como puede comprobarse en el *Viaje a la Habana*, o en muchos de los textos híbridos del XIX. El pacto de lectura referencial no descarta la ficción, dice Champeau reescribiendo a Todorov, para quien los componentes referenciales no tienen por qué estar reñidos con la literariedad del texto [25].

¿Qué ven, con qué se encuentran los viajeros europeos del XIX? La crítica ha puesto el dedo en la llaga de la mirada europeizante, con sus secuelas de exotismo y pintoresquismo lo que Said denominó "orientalismo en la visión europea del otro". Las cosas no son tan sencillas para quienes, como la condesa, son en su origen americanos. Es notoria la complejidad de la América hispana durante esta época, fruto del derrumbamiento de la estructura colonial y de las subsiguientes revueltas que asolaron los inmensos territorios de la corona española en el Nuevo Mundo. El asunto ha sido muy explorado y recientemente revisitado por una crítica empecinada en iluminar el surgimiento de las nuevas naciones en el marco de los viejos territorios españoles. Empecinada sobre todo en indagar cómo se fragua el concepto "nación", tradicionalmente ligado al despertar de los romanticismos. No obstante, habría que considerar –y se han levantado voces en este sentido [26] más allá del clásico estudio de Picón Salas– cuánto debe a la Ilustración la independencia y forja de los nuevos países. Porque el espíritu de las Luces nutrió las inteligencias y potenció los deseos de la clase dirigente, que buscaba construir un pueblo, una sociedad feliz. De ahí el papel de la instrucción, sea a través de los periódicos –los divulgadores más eficaces a lo largo del siglo–, de los viajes científicos, o de instituciones como las muy prestigiosas *Sociedades Económicas de Amigos del País*. En este contexto se entiende que la literatura desempeñe una función ancilar, que lo "literario" se subordine a lo instructivo.

Estamos en un momento de transición, en un escenario en crisis [27] y esa literatura que en Hispanoamérica y desde las crónicas de Indias nunca per-

---

[25] Cfr. Champeau, Geneviève (ed.). "El relato de viaje, un género fronterizo", en *Relatos de viajes contemporáneos por España y Portugal*. Madrid, Verbum, 2004, p. 17 y ss.
[26] Cfr. Janik, Dieter. "Ilustración y romanticismo en la primera mitad del siglo XIX: ¿opciones contradictorias o complementarias?, en Schmidt-Welle, Friedhelm (ed.). *Ficciones y silencios fundacionales. Literaturas y culturas poscoloniales en América Latina (siglo XIX)*. Frankfurt am Main, Iberoamericana, 2003, pp. 273-284.
[27] Cfr. Maiz, Claudio. "Para una poética del género autobiográfico. El problema de la intencionalidad", en Spang, Kurt. *Géneros narrativos...*, op. cit., p. 603 y ss.

dió de vista el referente, se adhiere con entusiasmo a la doctrina romántica que ve en la letra escrita una expresión de la sociedad. Literatura como vehículo de identidad de las incipientes nacionalidades, que cuajará en las "novelas fundacionales" –en palabras de Sommer [28]–, en las que pueden rastrearse impulsos ilustrados y románticos. Lo original, lo auténtico... son conceptos románticos que en gran medida potenciarán el costumbrismo y que, aunados a las convulsiones sociales, generarán un boom de memorias, autobiografías, diarios, epistolarios, libros de viaje... en los que el *yo*, la primera persona, alza la voz insertándose en el tejido cultural de la época. Es decir, se establece una correspondencia entre la vida de cada prócer y la historia de América, como es patente en las memorias y libros de viaje de Belgrano, Sarmiento, Mansilla, Guido y Spano, Calzadilla o Vicente G. Quesada... por citar algunos [29].

Desde esta perspectiva el *Viaje a la Habana* es pionero por varios motivos: por su temprana fecha, por estar escrito por una mujer [30] y por la cercanía afectiva al referente, fruto de su doble mirada europea y americana. Como ha dicho algún crítico, la condesa

> [...] se debate entre el rol eurocéntrico de colonizador y el americano de colonizado, en una difícil reconstrucción del yo, conquistando el lenguaje del conocimiento oficial sin por ello identificarse completamente con su ideología. Ella marca así una diferencia y una distancia en el espacio cultural en que se coloca, espacio de frontera entre dos mundos: Europa y América. Desde su espacio marginal se presenta alternativamente como europea y/o americana buscando una difícil traducción de los dos códigos; de esta manera su *yo* representa la compleja condición de una cultura femenina en la que luchan corrientes opuestas de resistencia y de aceptación del régimen dominante [31].

En resumen, Santa Cruz y Montalvo es una mujer de frontera que pretende fundar una alternativa a los viajeros europeos. De hecho, cuando

---

[28] Cfr. Sommer, Doris. *Foundational Fictions. The National Romances of Latin America*. Berkeley, University of California Press, 1993.
[29] He trabajado este asunto en "Las memorias del Río de la Plata en la construcción del imaginario nacional". *Actas del Congreso del CELCIRP*, Alicante, julio del 2004. *Río de la Plata*, "Relaciones culturales y literarias entre los países del Río de la Plata". Eds. Carmen Alemany y Eva M.ª Valero. Alicante, Centro de Estudios Americanos Mario Benedetti, 2006, pp. 177-192.
[30] Tímidamente comienza a rescatarse a pioneras como la norteamericana María Graham y su *Diario de mi residencia en Chile en 1822* (1824), o la peruano-francesa Flora Tristán quien dejó unas *Peregrinations d´une paria* (1837), fruto de su viaje a la semilla.
[31] Regazzoni, Susanna. "Romanticismo y anticolonialismo en la condesa de Merlin y Gertrudis Gómez de Avellaneda", en *Rassegna Iberistica*. Bulzoni, septiembre 2002, núms. 75/76, pp. 11-12.

publica su libro tiene predecesores ilustres como el barón Alexander von Humboldt –*La isla de Cuba*– o David Turnbull, cónsul en La Habana, quien redactó unos *Travels in the West. Cuba; with notices of Porto Rico and the Slave Trade* (Londres, 1840). Tendrá asimismo competidores, entre los que descuella Adolphe Granier de Cassagnac (1806–1880), una presencia constante en las cartas de la condesa a su colaborador Chasles desde junio del 42. Este periodista, que al principio funciona como editor, conoció el manuscrito de *La Havane* y entró en negociaciones con la autora para distanciarse después cuando, a diferencia de ella, consiguió en La Habana las suscripciones necesarias para publicar un texto paralelo, *Voyage aux Antilles* (1844).

3. EL TEXTO Y SUS DOS VERSIONES

3.1. ¿Una o varias manos? El taller de laboratorio de la condesa

Tras su viaje al Caribe y con ayuda de sus colaboradores, la condesa fue redactando las cartas que constituyen *La Havane*. Por lo pronto, decidió adelantar algunas en los periódicos: la prestigiosa *Revue de Deux Mondes* acogió en su número 26 (abril–junio del 41) la que será después la carta XX de *La Havane* bajo el título *Les esclaves dans les colonies espagnoles*, que ese mismo año se publicó como libro en Madrid [32]. Dos años después las cartas 13, 14, 15, 19, 22, 29 y 30 fueron apareciendo en *La Presse* entre el 26 de octubre y el 12 de noviembre bajo el epígrafe "Fragments d´un *Voyage a la Havane*".
No era ésta la primera vez que la escritora utilizaba el periódico para dar a conocer lo que después serían sus libros: *El Aguinaldo Habanero* había editado en el 37 una parte de sus memorias bajo el título *Recuerdos de una criolla*. Incluso durante su estancia en la isla publicó en *La Habana Literaria*, "A la vista de Cuba" (6 de junio de 1840) que formará parte de su texto en español. Y, al margen del libro que comentamos, aprovechará después su fama para dar a conocer su *Lola (El Faro Industrial de La Habana*, 3–15 de mayo de 1845*)*. Una práctica habitual en los escritores decimonónicos, muy de esperar en quien deseaba crearse un público a ambos lados del Atlántico.

---

[32] Aunque no pasó al *Viaje a la Habana* conviene recordar que la fuente inmediata, el subtexto de esta carta, fueron los escritos del cubano Saco. Cfr. Méndez Ródenas, Adriana. *Gender and nationalism in Colonial Cuba. The Travels of Santa Cruz y Montalvo, condesa de Merlin*. Nashville and London, Vanderbilt University Press, 1998, especialmente el capítulo VI. En su *Paralelo entre las islas de Cuba y algunas colonias inglesas* (1837) Saco describe las relaciones entre metrópoli y colonias en términos de dependencia: "Cuán cierto es que, si esta isla depende de España, esta misma dependencia es hasta cierto punto *la esclavitud de su metrópoli*"....

Por otra parte, una práctica previsible en quien demostró conciencia de escritora; su correspondencia con Chasles es muy rica al respecto, entreverando noticias sobre la redacción de sus obras y la corrección de pruebas –"mis pruebas no llegan; infórmate si han dado mis señas al impresor"[33] –le dirá–. Asimismo le inquieta la gestión de los contratos:

> Te ruego, amigo mío, que pases por casa de Amiot, si, como me supongo, ya te has procurado la copia del contrato que te dí ayer. No se trata más que de explicarle con *tacto* y sin darle importancia la consigna en *Francia*. Luego le dirás que haga el contrato por duplicado y en papel sellado... [34].

La condesa sigue atenta las traducciones, como veremos al hablar de la recepción; o pide obras de consulta sobre América para documentarse. Leer la correspondencia con su amante es reproducir toda una historia que cincela el taller de la Merlin y su seguridad como autora –o coautora por lo que se refiere a *La Havane*–. Los críticos se preguntan hasta qué punto intervino Chasles en ese texto, si bien los apremios y lamentos femeninos hacen suponer que no tanto como ella hubiera deseado. Se presupone la colaboración, pero el tono y las recomendaciones femeninas permiten inferir quién lleva las riendas; ella es la autora y él un cualificado e íntimo manager literario en el que se confía hasta el punto de entregarle los borradores, es decir, los únicos originales:

> "Ahora te ruego muy seriamente que pienses en poner en orden *mis cartas:* no me dices si has hecho lo que me habías prometido: primero, la carta sobre la industria, es indispensable; segundo, el fin de la agricultura, según las notas de Drake; luego, una revista general, para suprimir repeticiones y contradicciones. En cuanto a mí, he terminado todo y mañana envío mi última carta"... [35].

Acerca de los cubanos, son muchas las referencias críticas que confirman las relaciones de la condesa con el grupo de Domingo del Monte, algunos de cuyos miembros, como José Antonio Saco y José Luis Alfonso, la conocieron en París y gestionaron desde allí materiales suyos para las revistas cubanas. Por lo que se deduce de las cartas intercambiadas entre ellos, durante los casi dos meses que permaneció en La Habana (1840) la cubana leyó trabajos de sus compatriotas, tanto publicados como inéditos. A su

---

[33] Condesa de Merlin. *Correspondencia...*, op. cit., p. 91.
[34] Ibídem, p. 114.
[35] Ibídem, p. 121. El subrayado es mío.

vuelta a París, escribe a Del Monte tratando de interesarle en el proyecto de su libro, *La Havane* [36]. Y agradece las notas y materiales que tanto él como los otros le van aportando. Adriana Méndez Ródenas dedica el capítulo V de su libro, ya citado –*Inversiones y reescrituras*. "*Viaje a La Habana" y los orígenes de la literatura cubana* – a historiar los contactos, desde la primitiva admiración a la compatriota "parisina", hasta los distanciamientos y resquemores que generaron su aparente deseo de participar en los orígenes de esa literatura, no como europea distanciada, sino más bien como hija pródiga que vuelve al hogar. Esa podría ser la justificación última de las sucesivas apropiaciones que, con llamativo desparpajo, realiza la condesa.

3.2. La versión española: lo políticamente correcto

Por fin, la edición francesa de *La Havane* está firmada el 15 de noviembre de 1842, aunque no vio la luz hasta el 44. Se compone de 36 cartas, más un apéndice con notas aclaratorias y documentos justificativos que intensifican el matiz político y el tono ensayístico de la obra. La descripción del viaje arranca de Bristol y la dura travesía del Atlántico, para relatar después la llegada a Nueva York y las impresiones que le provoca la metrópoli. Tras un breve recorrido por Estados Unidos (Filadelfia, Washington), una corta travesía marina la acerca a Cuba. El texto se ralentiza: la emoción de la llegada, el encuentro con la familia y la descripción de la ciudad, que engloba historia, usos y costumbres sociales, y sus comentarios sobre economía, política...

En 1844 también se edita en Madrid el *Viaje a la Habana*, una versión reducida de diez cartas. Casi dos años antes, en carta de "fin de noviembre del 42" y en un momento en que está desesperada por la falta de respuesta de su amante y colaborador que le impide culminar la edición en francés, la condesa deja traslucir sus intenciones: "Creo que me decidiré a hacer una edición de 150 a 200 ejemplares en español, para La Habana" [37]. Era un plan que venía concretando desde octubre y que requería de suscriptores entre los que la edición debía venderse. Hasta donde sabemos hoy, hubo dos variantes –Madrid y La Habana– de esta edición española. La madrileña sólo mantiene la introducción de su compatriota Avellaneda, con lo que refuerza el amable costumbrismo olvidando el cariz político.

¿Quien tradujo el libro? ¿Por qué dos versiones? Adriana Méndez Rodenas en su libro *Gender and Nationalism in Colonial Cuba*, hasta el momento única monografía sobre la Condesa, interpreta la ruptura temática y editorial

---

[36] Cfr. Bueno, Salvador. Introducción a *Viaje...*, op. cit., pp. 29-34.
[37] Condesa de Merlin. *Correspondencia...*, op. cit., p. 143.

entre ambas como consecuencia de las divagaciones literarias de María de las Mercedes, íntimamente relacionadas con su dilema bicultural: no serían sino reflejo de la ruptura interior de quien se siente a la vez francesa y criolla bien asentada en la metrópoli española. La edición francesa era obligada en el contexto de la literatura de viajes decimonónica; la española igualmente para la que tal vez deseó jugar un rol de líder en la conversión del territorio insular en patria. Como hija pródiga no podía hacerlo de otro modo que escribiendo *Viaje a la Habana*.

Sea como fuere, en esta última han desaparecido las doce primeras cartas sobre el viaje a Estados Unidos. El libro se abre en pleno trópico y plasma el deslumbramiento de la Condesa ante su isla nativa. De modo que las cartas 13–17 pasan a ser las 1–5: la llegada a La Habana, la acogida de los familiares, las descripciones de las casas, fuertes, teatros... así como el relato de la vida doméstica de la ciudad, que rezuma los encantos de la Edad de Oro, ocupan la narración en la que van entreverándose referencias históricas y sociológicas. La carta 19 será la sexta, de tono costumbrista: *Los guajiros*. Por fin, las 21 y 22 se transforman en 7 y 8 respectivamente, la 29 pasa a ser la novena y la treinta cierra el libro con el número diez. Se va intensificando el costumbrismo y aumentan los enclaves narrativos al asumir –copiar sería un término más apropiado– textos de escritores cubanos de la época: *El velorio, Velar el mondongo o Las Pascuas* amenizan unas cartas que se presentan al lector con epígrafes alusivos al contenido de cada una.

¿Hay una intencionalidad detrás de las supresiones? Por supuesto que sí y críticos como Salvador Bueno tientan una explicación: la condesa eliminó todo lo que pudiera indisponerla con las autoridades coloniales o con su clase. Es lógico que desapareciera la carta XX sobre la esclavitud –que ella no condena–, o la XXIII, que trata de la administración de justicia. Tampoco ha sobrevivido la XXIV, sobre el gobierno de los capitanes generales en la isla con nombres concretos como Tacón, de triste memoria para los criollos. La XXVI, XXVII y XXVIII versan sobre la agricultura, el tabaco y los intelectuales de La Habana. Demasiado serias, políticamente incorrectas además –no en vano, sus amigos Del Monte, Saco y De la Luz y Caballero fueron represaliados tras la famosa "conspiración de la escalera" del 44, que causó muchos muertos– podían acarrear problemas a la autora o a sus familiares. Por fin desaparecieron los apéndices justificativos, documentos que reforzaban los objetivos políticos de la obra. Si bien mantiene las dedicatorias, tanto a sus compatriotas como a O´Donnell, sobre quien recae la escasísima intencionalidad política del *Viaje a la Habana* [38].

---

[38] Ambas dedicatorias se mantuvieron en la edición habanera, no en la madrileña de Justo Zaragoza (1844).

Sed habanero, General; reformad las leyes, obtened una representación nacional para la isla, mitigad vos mismo la dictadura del jefe supremo [...] Tengo fe en vos general. Vuestro nombre, vuestra reputación de bondad, de valor y de honor, he ahí mi fuerza, mi esperanza y la recompensa de mis desvelos.

Palabras difíciles de sostener más allá de febrero del 44, fecha de la versión francesa. La dura represión llevada a cabo por O´Donnell deja en entredicho la visión política de la condesa.

3.3. Destinatario/destinatarios: la carta como vehículo y la novela epistolar como modelo formal

El libro esta dedicado –más bien "restituido" dice la autora– "*a mis compatriotas*" porque "está impregnado de vuestro recuerdo, está consagrado a nuestra madre común", la patria. Acorde con este perfil, su insistencia en el "servicio al país y la verdad", su poner el dedo en la llaga del reformismo en las palabras introductorias. En la primitiva versión francesa, ello implica una selección de destinatarios específicos –cada carta tiene el suyo– en función del contenido e intencionalidad: su hija para lo íntimo, George Sand en la carta sobre las mujeres, el barón Charles Dupin, decidido antiesclavista, para la XX que toca la esclavitud. Son personajes públicos que los lectores franceses reconocerán sin dificultad.

En el *Viaje a la Habana* han desaparecido los destinatarios. Ciertos referentes franceses demasiado concretos no tendrían sentido fuera de sus fronteras y María de las Mercedes opta por suprimirlos. No sin consecuencias: hay un par de ocasiones en que el texto queda cojo: "ya sabéis mi querido conde"... –dice en la carta V– y el lector se pregunta a quien se dirige. La carta VII invoca al "marqués de C.", de nuevo un misterio para el público español. La octava, en ese tono dialogado tan gratificante, incorpora al lector a través de un anónimo destinatario femenino: "seguidme, querida vizcondesa". Para aliviar la curiosidad no hay sino asomarse a la edición francesa. Por fin la carta décima sí explicita su corresponsal: "mi querido Damer", nombre opaco con seguridad para los madrileños.

Las tres primeras cartas marcan la estructura dialógica y se dirigen a su hija Teresa que nunca desaparecerá del texto. Era previsible que así fuera; ya hemos hablado de la funcionalidad de la carta en la literatura femenina como un modo de abordar lo público de puntillas, desde el inocente ámbito familiar. Las cartas de madame Sevigné son el modelo inmediato que ilumina la entrañable relación madre–hija. De ahí también sus oportunas protestas en el texto introductorio:

> He escrito estas cartas sin arte, sin pretensiones de autor, pensando sólo en reproducir con fidelidad las impresiones, los sentimientos y las ideas que nacen de mis viajes...

Esta afirmación puede aceptarse como tal siempre que se haga compatible con otra premisa *sine que non* –y aquí enlazamos con el taller de escritura de la condesa–: la importancia que adquiere el contexto para la configuración misma del libro, entendiendo por tal el carácter y peculiaridades de los distintos pueblos, sus posibles lectores. Algo muy romántico. La correspondencia de la cubana con el bibliotecario deja claro que la autora toma el texto princeps como punto de partida considerándolo "obra abierta", es decir, texto manipulable en función de los destinatarios. Al respecto pueden citarse fragmentos de varias cartas; elijo una fechada en Dissay (1842):

> "Haz de tal forma que cada cual se crea *una excepción*. Te ruego que hagas esa modificación en la traducción inglesa. En cuanto a la francesa, tendré tiempo de revisarla yo misma. Hay que suavizar algo las cartas de los *Estados Unidos* y acerca del Gobierno de La Habana; este último *retoque*, que debe establecer la armonía de los *colores* y suavizar las asperezas del cincel"[39].

> Pienso también, después, que hay que hacer sin vacilar la edición inglesa, reunir las cartas que halles más a propósito, para triunfar en este país, y dejar reservadas, para la edición francesa, las cartas más severas; si no tienes tiempo para prestar tu atención y dar la última mano a la obra, te agradeceré hagas con todo un paquete y me lo envíes por la diligencia; lo pondré en orden y haré la elección lo mejor que pueda...[40].

En carta de 14 de noviembre le sigue urgiendo: "Pero *date prisa!*... ¿Ha terminado el traductor? ¿Has suprimido algunas cartas en la edición inglesa, para no dejar más que la parte *divertida*?"[41].

Si la carta es el vehículo no extrañará que la estructura epistolar deje sus huellas en el texto. *Viaje a la Habana* reúne las cartas de un sólo remitente, sin respuesta alguna. En cuanto a la narradora, es sujeto y objeto de la narración, relata la historia pero a la vez se introduce en ella y participa en su desarrollo con naturalidad. ¿Otras marcas afines a la literatura epistolar? La discontinuidad: el devenir temporal se fija mediante fechas que inducen a equívoco... se citan los días, tal vez la hora del día, pero el carácter pretendida-

---
[39] Condesa de Merlin. *Correspondencia...*, op. cit., p. 115.
[40] Ibídem, p. 122.
[41] Ibídem, p. 136.

mente íntimo de la escritura determina que nunca se hable del año. El texto, en consecuencia, resulta fragmentario. Y, como era previsible también, el lenguaje de la narradora está muy cerca del tono coloquial puesto que surge de una estructura dialógica que siempre tiene en cuenta al destinatario. Todo ello es bien visible en algunas cartas: "poneos a escuchar"... –carta III–; "ya veis pues"... –carta VI–. El intimismo, que brilla en las tres primeras cartas a su hija, se combina con finales prolépticos afines a las técnicas del folletín; hay que cautivar la atención del lector: "ya volveremos a tratar de todo esto" –carta I–; "ya te diré las emociones que me esperaban" –carta II–.

3.4. El estudio introductorio: Gómez de Avellaneda versus Merlin

Según consta en la correspondencia que venimos reseñando, María de las Mercedes viajó a Madrid en octubre de 1845 para promocionar su *Viaje a la Habana*. Fruto de esas andanzas, los "Apuntes biográficos de la condesa de Merlin por Gertrudis Gómez de Avellaneda" abren la versión en lengua española. En un Madrid provinciano donde Avellaneda trataba de hacerse un lugar lentamente pero con sólidos amigos, resulta llamativo que ambas mujeres no se conocieran personalmente. Es como si Tula, que acababa de publicar un volumen de *Poesías* y un par de novelitas, *Sab* (1841) y *Dos mujeres*(1842), sintiera el resquemor hacia su compatriota, mujer de mundo conocida a través de sus memorias, destinadas a "enriquecer la literatura francesa" no sin disgusto de algunos. El retrato que hace de la Merlin resulta tópico: "sus dulces y elegantes modales, el encanto de su amena y variada conversación, su agradable y expresiva figura, su admirable talento para la música"... Ya en la época los críticos se asombraron de las inexactitudes biográficas –entre otras la fecha de nacimiento– que desliza en estas páginas quien reconoce limitarse a glosar sus memorias.

Mucho más interesantes me parecen otros dos aspectos de su artículo: cómo utiliza el paralelismo con la condesa para hablar de sí misma y autojustificarse, y la subsiguiente inversión de los signos: la alabanza no es tal y su destinataria queda bastante malparada. Gómez de Avellaneda es hábil: al lamentar que Cuba haya perdido a sus hijos en el exilio se sitúa junto a su compatriota al lado del insigne Heredia, lo que supone una cierta consagración. Ellas dos escribieron textos insignes durante la travesía marina hacia Europa [42] –"ay, nosotros también hemos surcado aquellos mares" –dirá

---

[42] Cfr. Albin, María. *Género, poesía y esfera pública. Gertrudis Gómez de Avellaneda y la tradición romántica*. Madrid, Trotta, 2002. Tal vez desde el parámetro de la copia al maestro Heredia pudiera entenderse lo que parece un mero lapsus en el texto de la primera carta de Merlin (día 7): "yo, *hombre* débil y mortal"...

desde la amargura del expatriado que tiene los recuerdos y esperanzas divididos por un abismo–. Pero una mujer excepcional como María de las Mercedes –así la define "dotada de un carácter y talento extraordinario"– experimenta una doble marginación: "tales seres son ya por su naturaleza extranjeros entre la multitud y llevan consigo una sentencia de aislamiento y un sello de desventura" –concluirá–. Palabras transparentes en quien siempre se identificó con la *Corinne* staëliana, que triunfa como genio mientras fracasa como mujer. Tula está glosando el destino de la condesa, pero entre líneas alude al fatum que presidió su propia vida. Por ello y para seguir incidiendo en el paralelismo implícito, resalta un insignificante episodio de juventud en que la Merlin... "como la mayor parte de las mujeres en aquella edad, creyó amar a un hombre porque amaba al amor". En realidad Avellaneda proyecta su propia vivencia, tan bien reflejada en su autobiografía [43] así como en Carlota, la protagonista de su novela *Sab*, vivencia que desencadenará su repulsa del matrimonio. Por ello concluye sentando su tesis favorita: la mujer superior se verá enfrentada una y otra vez a la sociedad:

> Pensamos con tristeza en lo mucho que la habrá costado acomodarse a los deberes sociales de la mujer, y ajustar su alma a la medida estrecha del código que los prescribe.

No obstante, en un cierto momento la madrileña de adopción marca distancias: en busca del triunfo Merlin se ha doblegado, elaborando un estilo "templado, fácil, elegante y gracioso". Eso tiene su coste:

> Grandes modificaciones, como ella misma confiesa, han experimentado el talante y el carácter de la persona que nos ocupa; y si no han sido ventajosas a su originalidad como escritora, creemos que le debieron ser útiles en su destino de mujer.

En resumen: las alabanzas tienen su punto de acritud, son veladas críticas. Y la pluma de Avellaneda se mueve al compás del péndulo: cualquier alabanza debe tener su contrapeso. Por ello, si bien la conversación de la condesa... "reúne al celebrado *sprit* de una parisién, aquella gracia picante de las españolas y aun un poco de la agradable negligencia y penetrante dulzura de las cubanas"... lo que es patente en la naturalidad y gracia de su estilo, la valoración global es bien dura, muestra la distancia entre la mujer impulsiva y la racionalista, entre la romántica y la ilustrada:

---

[43] Cfr. *Autobiografía y cartas*. Estudio y notas de Lorenzo Cruz-Fuentes. Diputación Provincial de Huelva, 1996, especialmente las páginas 46-59.

Si no hay en las obras de nuestra compatriota creaciones estupendas, contrastes maravillosos poseen la ventaja de que no dejan en el alma ni terror, ni desaliento. Si no hacen vibrar, hasta romperse, las fibras del corazón; si no fascinan el juicio, ni exaltan la imaginación, hablan al sentimiento; simpatizan con la razón, agradan siempre, muchas veces conmueven y algunas cautivan poderosamente el ánimo.

3.5. El hibridismo estructural del libro de viajes: las descripciones al servicio del proyecto autobiográfico e identitario

La ausencia de parámetro formal contribuye a definir, aunque negativamente, el relato de viaje. Determina, en efecto, su diversidad y su dialogismo, que tal vez sea uno de sus rasgos más destacados, el que lleva a la crítica a hablar de "hibridez", de "mestizaje" o de "género fronterizo"[44].

El libro de viajes es tradicionalmente un texto híbrido, mestizo, cuyo hilo conductor es la mirada del viajero que mediatiza la representación. Como señalara con acierto Le Huenem, el narrador asume tres funciones: ver, hacer ver y hacer saber. En este sentido, el yo viajero puede ser un simple pretexto didáctico que no tiene por qué estar reñido con la vivencia del viaje como una profunda aventura interior. El impacto del paisaje en una sensibilidad exquisita, en conformidad con la estética romántica, que busca la armonía y presencia de lo divino en la creación, suele generar bellas descripciones. El texto del *Viaje a la Habana* es marco propicio, porque la Condesa recupera la naturaleza de los trópicos desde la óptica europea, desde la capacidad de asombro de la distancia "civilizada", muy sensible al exotismo de lo primigenio. Descripciones del mundo natural, descripciones de la bulliciosa vida urbana, con el color y vistosidad de atuendos, quitrines o volantas los días de paseo; descripciones de mercados, frutas e interiores de las casas –vestidos, muebles, vajillas–... "¡Cómo pintarte todo el poder de esta vida animada y sensual!" –exclama en la carta III dirigida a su hija–. Son constantes términos como "mestizaje", "algarabía" para intentar apresar lo inapresable, lo incomprensible para el espíritu racionalista francés.

¿Cómo es *la Habana* de Merlin? A lo largo de las diez cartas de su *Viaje* el lector ve desplegarse una ciudad de contrastes, bulliciosa y aletargada en la siesta vespertina, criolla y negra a la vez, una ciudad cuyas casas responden a la familia patriarcal: el clan, la tribu... hijos, nietos... el recinto puede llegar a albergar hasta cien esclavos como servicio... si bien el lector actual maneja estos datos con reticencia, convencido de que la exageración

---

[44] Champeau, Geneviève (ed.) "El relato de viaje"..., op. cit., p. 22.

romántica cuaja en las hipérboles textuales. En cualquier caso, las descripciones domésticas nunca se reducen a meros datos cuantificables –diseño urbano, trazado de calles y casas, edificios públicos...–. Es verdad que eso también está en el texto, la ciudad leída desde los ojos de otros, de historiadores, científicos o geógrafos, cuyos libros ha consultado y, en ocasiones, copiado sin piedad –la condesa no le hace ascos al plagio [45]–. Pero lo que se impone es lo otro: la ciudad reinventada en el reencuentro desde parámetros afectivos, la ciudad revisitada con los ojos de la infancia por quien la dejó antes de los diez años y vuelve ahora, como el hijo pródigo a lo que fueron sus lares: la casa de su padre, la de "mamita" –la abuela queridísima con la que se crió–, las de sus tíos... Porque es la ciudad de su clase, la élite de la sacarocracia que maneja el país en claro contubernio con los gobernantes de la metrópoli; una ciudad que Merlin reescribe en plena sintonía anímica, autoengrandeciendo a una clase que es la suya y, como resultado, autoengrandeciéndose ella misma. En ese sentido, las descripciones tendrán valor sociológico: así se explican afirmaciones como "no hay pueblo en La Habana: no hay más que amos y esclavos" –carta V–. La narradora está dibujando el mapa social de una Cuba que, a mediados del XIX, dormita un sueño de siglos prolongando una Colonia ya caduca. Y lo hace mediante la metáfora del paraíso: se trata de un mundo feliz, varado en el recuerdo, casi en la noche de los tiempos:

> Mi alma se enternece profundamente a la vista de estos lugares en que yo vine al mundo entre tanto amor y tan tiernas solicitudes, y donde yo he visto brotar tan nobles inspiraciones y tan hermosos sentimientos. Aquí la caridad se practicaba en el seno de la familia, se practicaba sin ostentación, e iba siempre acompañada de esta sencillez encantadora, de este fresco candor, propio de los criollos, que subyugan los corazones...
> –carta II–.

Mundo ejemplificado en el ángel de bondad que fue "mamita", la abuela consentidora. En fragmentos así, el relato de viajes comparte estrategias retóricas con la autobiografía y la reescritura idealiza ese mundo patriarcal hasta extremos indescriptibles: "Aquí fue donde, siempre rodeada de ejemplos de bondad y de sabiduría, aprendí a conocer y a amar el bien; aquí donde la virtud me pareció inseparable de nuestra propia naturaleza, tan natural y tan simpáticamente veía yo aplicados sus divinos preceptos a las acciones más simples de la vida" –le explicará a su hija en la carta II–. Para concluir: "las ilusiones y las realidades se con-

---

[45] Por ejemplo, sus descripciones del Templete -carta V- y algunos otros edificios habaneros están copiadas de artículos de *El Álbum*.

funden en mi turbado cerebro" Si bien el recuerdo distorsiona las imágenes y las idealiza, el presente calcula además el mensaje en función de los lectores. Para ellos –los franceses en primer lugar– codifica su mensaje: la vida doméstica del hoy habanero "parece renovar los encantos de la Edad de Oro". No en vano han sido muchos los años europeos: a la contraposición pasado/presente se suma la de América/Europa. La condesa es una mujer de frontera para quien La Habana es lo propio, pero también lo exótico. Es criolla de nacimiento, francesa de adopción y para éstos últimos Hispanoamérica es el reino del exotismo, del hombre natural, la contraposición a la vieja Europa, más corrupta de lo deseable. El destinatario, entonces, prima la focalización sobre lo "otro", lo diferente, hasta el punto de que su texto fue acusado en Cuba de folklorismo extranjerizante.

Pero vayamos por partes y sigamos, poco a poco, el hilo conductor de las cartas: al llegar y desde el barco lo primero que se divisa es la ciudad de Santa Cruz, predio de los Jaruco, e inmediatamente La Habana: el fuerte y las defensas de El Morro, las casas, las avenidas y teatros, el cementerio y la catedral, el paseo de Tacón con sus quitrines y volantas... Es curioso que el cementerio aparece en dos ocasiones –cartas II y VII– tal vez para rubricar el "ubi sunt" que entona la condesa al pisar tierra; un "ubi sunt" utilizado para subrayar la desaparición de las personas pero también el empequeñecimiento de los espacios (las casas familiares, el castillo del Morro). Un "ubi sunt", en resumen, acorde con la actitud de quien salió niña y desperdiga su mirada de mujer adulta indagando desde el recuerdo.

De cualquier modo, la selección en absoluto es inocente. Las tres primeras cartas se centran en lo propio ¿Tendrá algo que ver con el hecho de que la destinataria sea su hija Teresa? Tal vez, pero su intencionalidad va más allá: presentar la propia estirpe como fundadora de la nacionalidad patria. De ahí la emoción de la narradora–protagonista al divisar desde el barco los contornos de la costa cubana: "¡salud hermosa patria mía! Te amo"... Y centrará su visión en la ciudad portuaria de Santa Cruz ... "que recibió su nombre de mis antepasados" y el pequeño puerto de Jaruco ... "al cual va unido el título primitivo de mi familia". Ciudades presentadas tras el Pan de Matanzas, la montaña más elevada, y la aldea de Puerto Escondido, cuyas cabañas parecen ancladas en el mundo precolombino... La tierra, el indio y los fundadores coloniales. Y su estirpe bien enclavada en la naturaleza y la historia.

Para concluir, en la cubana el relato de viajes se concibe como confesión autobiográfica, propiciada por la vuelta a la tierra de la infancia y apuntalada en sus anteriores textos memorialísticos con los que tiene múltiples puntos de contacto. La triple identidad compartida –autor, narrador y personaje– los acerca:

Como la autobiografía, el libro de viajes incorpora la subjetividad de su autor, se hace eco de su temperamento, de su sensibilidad, de su ideología; se hace autobiográfico en la medida en que da cabida a aspectos de su personalidad, a sus gustos o emociones [46].

3.6. La ficcionalización: costumbrismo y reescritura de fuentes literarias

El que el narrador mediatice la representación acerca el relato de viajes al cuento y la novela. Pero además hay que contar con la época, y en las fechas en que la cubana escribe su texto aflora el cuadro de costumbres. Si bien más tardía que la francesa, la narrativa romántico-realista española acabará por imponerse en los dos primeros tercios del XIX. Se abre camino a través de la prensa periódica isleña y es el material literario que María de las Mercedes encontrará a su llegada a La Habana. La condesa no tuvo el prurito artístico del creador; más bien lo utilizó en su provecho. Una costumbre peculiar que, sin lugar a dudas, aprendió en los salones franceses:

> En la correspondencia de las *epistolières* de la época es común el recurso a la *application*, esto es, la alusión o cita de un fragmento breve de una obra literaria o filosófica, actual o clásica; todo este juego intertextual demuestra un cierto conocimiento, pero sobre todo una profunda memorización de las obras literarias [47].

En la América de habla española y durante el siglo XIX, la originalidad en absoluto estaba reñida con la copia literal de los modelos europeos. Autores como el argentino Echeverría o el colombiano Isaacs hacen compatible su ideal de autonomía literaria con la reescritura de Saint-Pierre o Chateaubriand; una reescritura que, en cuanto a motivos o argumentos literarios llega a la copia casi literal. No es extraño, entonces, que la condesa piense en poner al servicio de su proyecto ciertos materiales de costumbristas cubanos que circulaban en los periódicos de La Habana. Costumbres con el encanto de lo primitivo –dice la escritora en la carta VII y lo aplica sobre todo a las descripciones femeninas– frente a las trabas civilizadoras de la vieja Europa. Teniendo en cuenta su primer destinatario francés, Merlin invierte los términos transfiriendo al viejo Mundo la incipiente escritura de sus compatriotas. No deja de ser una audacia porque el canon siempre fue generado en la metrópoli y no al revés. Tal vez consciente de

---

[46] López Molina, Luis. "Hacia un perfil genérico de los libros de viajes", en Champeau, Geneviève (ed.). *Relatos de viajes...*, op. cit., p. 36.

[47] Torras, Meri. *Tomando cartas...*, op. cit., p. 51.

ello y previendo las críticas que le llovieron a continuación, la autora quiso citar sus fuentes; lo que se refleja en la correspondencia con Chasles. En carta de 25 de septiembre del 41 le dice:

> Te ruego me envíes los nombres de los dos jóvenes, a los que debo escribir a La Habana, autores de algunos rasgos de costumbres que he anotado en mi obra; es necesario que les escriba con la mayor rapidez: El uno es Villaverde; pero me hace falta su nombre de pila y el del otro: los hallarás en los libritos que tu posees... [48].

Detrás de estas palabras todo un taller de laboratorio y unas intenciones bien definidas: dar a conocer a los literatos, a la par que la tierra, usos y costumbres del lugar. Por eso, ya en octubre del 42, sigue insistiendo a su colaborador acerca de la necesidad de contar con los cubanos: "No olvides citar a *Ramón de (¿la?) Palma* y a *Cirilo Villaverde*, como escritores y *poetas encantadores* en el cuerpo de la obra; luego, en *nota*, al primero como habiéndole copiado algunos detalles"...[49]. Es decir, lo que le preocupa no es justificar el origen de su escritura sino consagrar a sus compatriotas que en *El Plantel, Aguinaldo Habanero* y *El Album* sentaron el código de la futura literatura cubana. ¿Tomó parte la condesa en el emergente discurso cubano? –se pregunta Méndez Ródenas al analizar estas cuestiones en el capítulo V de su libro–. Y concluye: su relación con los costumbristas así lo prueba. Para, a continuación, llevar a cabo un documentado trabajo intertextual y de fuentes: de José Victoriano Betancourt toma *Velar el mondongo* –carta VIII–, mientras que *El velorio*, en la misma carta, procede de un anónimo publicado en *La Cartera Cubana*. En cuanto a la carta IX, *La Pascua en San Marcos*, es copia de la narración homónima de Ramón de la Palma aparecida en *El Album* (1838). María de las Mercedes pone su sello: el final grotesco de Betancourt se sublima con uno amable en el que la vida se abre paso. Al matrimonio de conveniencias de Conchita y Claudio –en el texto de Palma– opone un final más acorde con el romanticismo trágico del relato, llevándolo hasta sus últimas consecuencias. Otras veces funde materiales previos en divertidas viñetas: es lo que sucede en la carta VI con *El guajiro*. Apareció en *El Faro Industrial de La Habana* (1842) firmado por Cirilo Villaverde, pero ella lo copia de su primera versión, el sketch anónimo –aunque parece del mismo autor– *Amoríos y contratiempos de un guajiro*, que se publicó en *La Cartera Cubana* (1839) [50]. Un mismo texto sirve, sin embargo, a proyectos bien distintos, meramente costumbristas o con proyección internacional.

---

[48] Condesa de Merlin. *Correspondencia...*, op. cit., p. 86.
[49] Ibidem, pp. 125-126.
[50] Eso tiene sus consecuencias: el relato original queda truncado porque la Condesa sólo tuvo acceso a la primera parte, que rellenó con tipos populares.

En resumen, puede establecerse un doble nivel de copia porque Merlin reescribe a Palma y Villaverde quienes, a su vez, venían desarrollando un estilo "cubano" desde la mímesis de los modelos extranjeros, sobre todo costumbristas españoles. Pero, además, en el propio texto puede verse reflejada la intencionalidad del proceso, muy consciente en la autora. Al cerrar su reescritura del velorio, en la carta VII, se produce un diálogo entre el narrador y la condesa, incorporada al texto como un personaje más:

– ¿No es éste un conjunto único, compuesto de inesperados contrastes? y ¿no sería un gran asunto para un cuadro especial de costumbres?

– Seguramente –le dije yo a mi primo–, los pintores de costumbres de la clase media, Dickens, Teniers o Lesage, sacarían mucho partido de nuestro velorio.

Con su propia voz la autora coloca su relato al nivel de pintores y literatos consagrados, lo que no deja de ser un artificio de autoengrandecimiento personal; y colectivo también, puesto que ella rescató las esencias de un país en busca de su identidad, fue capaz de sondear y aprovechar la incipiente literatura de sus compatriotas para elaborar una imagen de cara a las metrópolis... de cara a la posteridad en último término. Porque lo único real hoy es lo que ella inventó [51].

3.7. La reflexión ensayística

La faceta narrativa, que acerca el *Viaje a la Habana* al cuento y a la novela, se complementa con la argumentativa propia del ensayo: la fluctuación entre la estética y el conocimiento, la condicionada literariedad son puntos en común. El viaje a la semilla de la condesa, con su paralelo viaje al pasado, da lugar a la reflexión sobre la identidad personal y nacional apuntalada en la historia propia o del país. Campo muy amplio que, sin desbordarse en el texto, incorpora reflexiones histórico–políticas y morales sobre los hombres y la historia cubana.

¿Cómo es el pueblo cubano? Según la condesa –carta III– :

Uno de los caracteres particulares de la raza actual de los españoles habaneros, plantas europeas trasplantadas a esta isla, es el contraste que existe entre la languidez de estos cuerpos pequeños y delicados incapaces

---

[51] Comparto con Méndez Ródenas (cfr. p. 141 y ss. del libro citado) el punto de partida y el planteamiento general; no así las últimas consecuencias, el que Merlin pueda considerarse un doble poscolonial.

de sufrir la menor fatiga, y el ardor de su sangre que se revela en los gestos, en los gustos, en la manera de hablar y de discurrir, siempre viva, apasionada e impetuosa.

La caracterización del habanero tiene mucho de determinista: el sol preside la vida cotidiana generando un ritmo vital moroso, en las antípodas de las activas costumbres europeas. El tema es recurrente, escapa entre líneas una y otra vez, muy en consonancia con la necesidad de justificación que siente Merlin, educada en contacto con las ideas generadas en Europa por la polémica sobre el Nuevo Mundo acerca de la inferioridad –¿insalubridad sería el término adecuado?– del continente americano. En la carta VII y al hilo de la historia del obispo Espada sobre la creación del cementerio, parece impugnarse esta tesis; pero es sólo para demostrar que el habanero goza la vida –eterno renacer desde la pujanza de la naturaleza– y no tiene tiempo para pensar en la muerte. Por fin, la carta X retoma el leitmotiv del sol cubano como justificante de la originalidad horaria isleña: la siesta es el marco de los escarceos de los amantes mientras el mundo yace aletargado. A las dos, los negocios y el comercio... a partir de las seis, los paseos mientras cae la tarde y se adentra la voluptuosa noche tropical, reino feliz del caribeño. Estamos ante un cuadro costumbrista, sí, pero la condesa tiene además otros objetivos. Por eso, insiste en la continua comparación con Europa, construyendo un "diorama" en el que la capital, La Habana, es el centro del mundo, el punto de referencia para los horarios de todos los demás seres del planeta.

En cuanto a la breve historieta de los mosquitos –carta III–, puede leerse como una alegoría de la conquista española, si bien la cubana cuida de hablar de "europeos" y no circunscribir a España los mosquitos utilizados para luchar contra los autóctonos. Tampoco sería demasiado extrapolar leerlo como una metáfora aplicable a la autora: la maledicencia y pullas de sus compatriotas se ceban en quien les visita con ansias de compartir un destino que debería ser común. El texto es sabroso:

> Cuentan en el país una historia muy instructiva a propósito de los mosquitos [...] Un sabio economista de la época tuvo el pensamiento de traer, según dicen, en una caja unos pocos de mosquitos de otros países, y de probar sus fuerzas contra los insectos indígenas. El ensayo salió bien: los insectos extranjeros pudieron más y devoraron sin piedad a los insectos naturales, tanto que al cabo de algún tiempo no quedaba un sólo mosquito indígena en la isla. Pero en cambio los insectos naturalizados se hicieron más numerosos y temibles, y sus picaduras fueron tan punzantes, que desde entonces se está echando de menos la antigua raza.

¿Cómo es la historia cubana? La carta V está cuajada de lamentos por la capacidad de olvido histórico que se palpa en ese pueblo. Ejemplo sangrante: Colón. En la carta VII y durante la visita a la catedral, Merlin entona una ardiente loa al gran hombre "ilustre y desgraciado"... cuyo carácter "es una hermosa creación de Dios" y cuyo destino ha sido "correr el mundo" tanto en vida como después de la muerte. María de las Mercedes reclama del gobierno español, como "acto de necesaria justicia y de solemne poesía" un "monumento digno de su vida y de su muerte". Porque, como el gran Napoleón, yace en el olvido... ¿Las causas? Pereza y desidia del gobierno; pero también ese sentimiento de "poesía de lo presente" que caracteriza al habanero:

> Ya lo veis, a Cuba le falta la poesía de los recuerdos; sus ecos sólo repiten la poesía de la esperanza. Sus edificios no tienen historia. El habanero vive en lo presente y en lo porvenir.

3. 8. La recepción europea y americana

A la condesa le preocupaba la recepción de sus obras como se deduce de su correspondencia. El 11 de agosto de 1841 le comunica a Chasles: "Tengo con Cotta un intermediario para Alemania y otro en Colburn para Londres. Pero hace falta *ceder*: ¿creéis que podré enviaros los manuscritos que ya tengo para empezar la traducción en alemán, en primer lugar?"[52]. Es un punto de partida frustrado, si nos atenemos a la carta de 15 de octubre del 42, una de las más pormenorizadas al respecto:

> Cotta ya no se encarga de ella, y me indica la casa *Brockhaus y Averavices*, la primera de Leipzig, que seguramente se encargaría de ella y en *buenas condiciones* para el autor [...] mi *obra* en *alemán* se venderá mejor a un librero o a un editor en el interior de Alemania que cerca de Francia, en donde el público habla o lee el francés, por lo que prefiere la edición francesa [...]. Debes limitarte a proponer: Primero, la venta del manuscrito alemán, con la facultad de hacer todas las ediciones que se quieran [...]. En cuanto al precio, el editor deberá proponérmelo[53].

Merlin intenta recurrir al sistema de las suscripciones; algo habitual, ya señalado no sin acidez por alguno de sus compatriotas cubanos[54]. En una carta fechada en el castillo de Dissay el 14 de noviembre del 42 confiesa

---

[52] Condesa de Merlin. *Correspondencia*..., op. cit., p. 69.
[53] Ibídem, pp. 117-118.
[54] Cfr. las carta de Saco a Del Monte reproducidas por Figarola-Canedo y que, a su vez, transcribe Salvador Bueno en el estudio introductorio de su edición, especialmente las páginas 32-35.

su fracaso a Chasles: "los 15.000 francos que esperaba, no me llegarán; la suscripción de La Habana ha fallado, ya os diré el por qué a mi regreso"[55].

Sea como fuere, la recepción de *La Havane* y de su versión española, el *Viaje a la Habana* fue bastante buena para las expectativas del momento. La publicación en prensa periódica de fragmentos y cartas aisladas fue creando un público, según los deseos de la condesa. Y ello aunque, en determinado momento, se lamente del poco o nulo control que tiene sobre su obra. Es el caso de las primeras cartas editadas en la *Revue de Deux Mondes*, según consta en carta sin fechar, posterior a noviembre de 1843:

> La *Revue* me ha dado un número reducido de ejemplares, la mayor parte de los cuales está ya en *camino* hacia La Habana y el resto hacia Madrid; mientras que yo, *autor responsable*, no poseo ninguno [56].

Las cursivas, habituales en esta correspondencia, subrayan el concepto de autoría tan desarrollado en la cubana y, desde luego, pionero en el mundo hispánico.

Por lo que se refiere a la recepción en Francia fue en general positiva, ya que la obra respondía a la moda exotista que iniciaron Saint-Pierre y Chateaubriand. En cuanto a Cuba, la cosa resultó más dispar: conviene recordar que la autora era conocida por sus textos autobiográficos, reseñados en prensa desde 1831 por Del Monte y sus amigos. Pero además, María de las Mercedes tras su estancia en la isla continuó alimentando su presencia a través de los medios. Con las consiguientes reacciones, por ejemplo *El Faro Industrial de la Habana* publicó entre el 21 y el 28 de septiembre de 1843 unas *Cartas a Chucha* firmadas por un seudónimo, "Serafín". Constituyen una indignada respuesta a las *Cartas dirigidas por la señora de Merlin a Jorge Sand, "Las mugeres de La Habana"* que habían aparecido como primicia en *El Diario de la Habana* entre el 10 y el 12 de septiembre del mismo año y serán después la carta XXV de *La Havane*.

No obstante, los ataques más feroces vinieron de la pluma de Félix Tanco y Bosmeniel quien tras el seudónimo de Veráfilo y desde el 22 de abril hasta el 4 de mayo del 44 lanzó en *El Diario de la Habana* una serie de artículos mordaces desacreditando a la autora, a quien calificaba como "francesa exotista", acusándola con ironía de imaginación ardiente. Es curioso que se la trata como extranjera en su propia patria, en contraste a su temprana aceptación como hija de la tierra... *Refutación del folleto intitulado "Viaje a La Habana" por la condesa de Merlin* (1844) consagró sus argumentos en un libro todavía hoy accesible. En el subsiguiente debate, la condesa

---

[55] Condesa de Merlin. *Correspondencia...*, op. cit., p. 131.
[56] Ibídem, p. 190.

tuvo sus defensores entre los que se contó José de la Luz y Caballero bajo el seudónimo "Fair-Play". La acusación más rotunda y en la que confluyeron casi todos sus detractores fue la de plagio. En conjunto, el grupo de Domingo del Monte se mostró reticente con quien, por otro lado consideraban una especie de embajadora en Europa. A comienzos del XX se recuperan los textos de la Condesa: *Mis doce primeros años* y la *Historia de Sor Inés* aparecieron en los fascículos de *Cuba y América* entre enero y abril de 1902. Aún así, permaneció circunscrita a las fronteras cubanas hasta que los trabajos de Carmen Vásquez y Adriana Méndez Ródenas lograron romper esa dinámica para situarla en el contexto universal.

Bibliografía

Ediciones

Comtesse Merlin. *La Havane*. Paris, Librairie d´Amyot éditeur, 1844.
Justo Zaragoza. *Viaje a La Habana por la condesa de Merlin*. Precedido de una biografía de esta ilustre cubana por la Señorita D.ª Gertrudis Gómez de Avellaneda. Madrid, Imprenta de la Sociedad Literaria y Tipográfica, 1844.
Condesa de Merlin. Viaje a La Habana. Introducción Salvador Bueno. La Habana, Arte y Literatura, 1974.
Comtesse Merlin. *La Havane*. Ed. y notas de Carmen Vásquez. Paris, Indigo, 2002.
Comtesse Merlin. *Mes douze premières années*. Paris, Imprimerie de Gaultier-Laguionie, 1831.
Merlin, condesa de. *Mis doce primeros años*. La Habana, Imprenta El Siglo XX, 1922.
Histoire de la Soeur Inés. Paris, Dupont et Laguionie, 1832.
Souvenis et Mémoires de Madame la Comtesse Merlin, publiées pour elle-même. Paris, Charpentier, 1836, 2 vols.
Souvenirs et Mémoires de Madame la Comtesse Merlin (1789-1852): Souvenirs d´un Créole. Preface d´Hector Bianciotti. Introduction et notes de Carmen Vásquez. Paris, Mercure de France, collection "Le temps retrouvé", 1990.
Les loisirs d´une femme du monde. Paris, Librairie de L´Advocat et Comp., 1838.
Madame Malibran. Bruxelles, Societé Typographique Belge, ad. Wahlen et Cie, 1838.
Les lionnes de Paris. Paris, Librairie d´Amyot, 1845.
Condesa de Merlin. *Correspondencia íntima*, extraída del estudio biográfico, bibliográfico e iconográfico, publicado acerca de tan notable personaje por Domingo Figarola-Caneda, traducido del francés por Boris Bureba, con un prólogo y notas biográficas de la Condesa y de su colaborador y amigo Philarète Chasles por Doña Emilia Boxhorn, viuda de Figarola-Caneda. Madrid-París, Industrial Gráfica Reyes, 1928.

Estudios

Arambel–Guiñazú, María Cristina y Martin, Claire Emilie. *Las mujeres toman la palabra. Escritura femenina del siglo XIX*, tomos I y II. Madrid, Iberoamericana, 2001.

Araujo, Nora (ed.). *Viajeras al Caribe*. La Habana, Casa de las Américas, 1983.

Cámara, Madeline. Prólogo a *La memoria hechizada. Escritoras cubanas*. Barcelona, Icaria, 2003.

Figarola–Canedo, Domingo. *La Condesa de Merlin, María de la Merced Santa Cruz y Montalvo. Estudio bibliográfico e iconográfico, escrito en presencia de documentos inéditos y de todas las ediciones de sus obras. Su correspondencia íntima (1789–1852)*. París, Excelsior, 1928.

Figueroa, Agustín. *La condesa de Merlin, musa del Romanticismo*. Madrid, Imprenta de Juan Pueyo, 1934.

Ianes, Raúl. "La esfericidad de papel: Gertrudis Gómez de Avellaneda, la condesa de Merlin y la literatura de viajes", en *Revista Iberoamericana*. Pittsburgh, 63, enero–junio 1997, núms. 178–179, pp. 209–218.

Martin, Claire Emilie. "La condesa de Merlin y *Mis doce primeros años*: o el contradiscurso de la subjetividad romántica", en *Alba de América*, 10, julio 1992, núms. 18 y 19, pp. 195–202.

Méndez Ródenas, Adriana. *Gender and Nationalism in Colonial Cuba. The Travels of Santa Cruz y Montalvo, condesa de Merlin*. Nashville and London, Vanderbilt University Press, 1998.

Prieto Benavent, José Luis. "Mercedes de Santa Cruz y Montalvo, condesa de Merlin, une femme de monde", en *Revista Hispano Cubana*, 13, Spring–Summer 2002, pp. 83–96.

Regazzoni, Susanna (ed.). *Cuba: una escritura sin fronteras*. Frankfurt am Main–Madrid, Iberoamericana, 2001.

——————"Romanticismo y anticolonialismo en la condesa de Merlin y Gertrudis Gómez de Avellaneda", en *Rassegna Iberistica*, Bulzoni, septiembre 2002, núms. 75–76, pp. 3–12.

Tanco y Bosmeniel, Félix. *Refutación al folleto intitulado "Viage a la Habana" por la condesa de Merlin, publicado en "El Diario" por Veráfilo*. Habana, Imprenta de Gobierno y Capitanía General, 1844.

Vásquez, Carmen. "*Histoire de soeur Inès*, de la condesa Merlin, relato de una mujer crítica de su época", en *La Torre*, Río Piedras, Universidad de Puerto Rico, 6, 1991, núm. 21, pp. 85–103.

——————"Las mujeres cubanas de la condesa de Merlin", en *Femmes des Amériques*. Université de Toulouse–Le Mirail, 1986, 11, pp. 69–83.

——————"De la condesa de Merlin al *Siglo de las Luces* de Alejo Carpentier", *En torno a las Antillas hispánicas. Homenaje al profesor Paul Estrade. Tebeto*. Anuario del Archivo histórico insular de Fuerteventura, 2004, pp. 511-521.

La presente edición reproduce la primera del *Viaje a la Habana*, publicada por Justo Zaragoza en Madrid (Imprenta de la Sociedad Literaria y Tipográfica) en 1844 y actualmente en la Biblioteca Nacional. El libro contiene el prólogo de Gertrudis Gómez de Avellaneda y las diez cartas de la Condesa pero han desaparecido las dedicatorias que se mantuvieron en la edición habanera, si bien siguen un orden cronológico y no el primitivo de *La Havane*. "A mis compatriotas" y "A su excelencia el Capitán General O´Donnell, Gobernador General de Cuba" constituyen un paratexto importante para comprender el sentido de la obra; en consecuencia, se han tomado de la edición de Salvador Bueno. Se ha procurado respetar al máximo el texto aunque modernizando las grafías, por lo que el lector, encontrará arcaísmos y construcciones como "al través de", hasta hace muy poco en el diccionario de la R.A.E. También abundan los galicismos e incluso ultracorrecciones lingüísticas que se producen en el intento de evitarlos. Las cursivas y escasas notas a pie de página son de la condesa.

Justo Zaragoza

VIAJE

A

LA HABANA

POR

LA CONDESA DE MERLIN

PRECEDIDO

De una biografía de esta ilustre cubana

POR LA

Señorita D.ª Gertrudis Gómez de Avellaneda

MADRID

IMPRENTA DE LA SOCIEDAD LITERARIA Y TIPOGRÁFICA,
CALLE DE LA MANZANA, núm. 14

A mis alumnas

APUNTES BIOGRÁFICOS
DE LA
Señora Condesa de Merlin

En medio de las varias causas que se reúnen para impedir que los hijos de Cuba, dotados en general de una viva y brillante imaginación hayan podido aclimatar, por decirlo así, la literatura en su suelo, puede vanagloriarse de presentar a la Europa un nombre ilustre, que brilla ventajosamente colocado entre los más distinguidos de los escritores contemporáneos.

Las obras de la señora condesa de Merlin, si bien las vemos con disgusto destinadas a enriquecer la literatura francesa, son timbres honoríficos para el país que la vio nacer, y cuyo sol encendió aquella lozana imaginación, que aunque entibiada algún tanto bajo un cielo extranjero, todavía lanza destellos refulgentes, que sirven a su patria de magnífica aureola.

Desgracia es de Cuba que no florezcan en su suelo muchos de los aventajados ingenios que sabe producir. Heredia vivió y murió desterrado, y apenas llegaron furtivamente a sus compatriotas los inspirados tonos de su lira. La señora Merlin escribe en un país extranjero y en una lengua extranjera, como si favoreciesen diferentes circunstancias la fatalidad que despoja a la reina de las Antillas de sus más esclarecidos hijos.

Sin embargo, aquellas glorias trasplantadas a extrañas regiones no son por cierto inútiles a la patria, no son por cierto ingratas al cielo privilegiado que les dio la vida. El poeta proscrito cantó en el continente mexicano a la rica perla de sus mares, y entre los tronantes raudales del Niágara resonaron melancólicamente recuerdos tiernísimos del perdido Almendares.

La escritora traza a las orillas del Sena cuadros deliciosos de su hermosa patria, en ella piensa, con ella se envanece, a ella consagra los más dulces sentimientos de su corazón y los rasgos más bellos de su pluma, haciendo envidiar a la Europa el país que produce tan hermoso talento, y el talento que puede pintar tan hermoso país.

La autora de estas líneas, que no intenta disimular su ardiente afecto a éste, ni las vivas simpatías que le inspira aquél, se propone compendiar en algunas páginas las noticias que de sí misma ha dado en sus memorias la distinguida *criolla*, complaciéndose en tributarla este ligero homenaje, que no menos la debe como amante de la literatura que como apasionada compatriota.

La señora doña Mercedes de Santa Cruz, hoy condesa de Merlin, nació en la ciudad de la Habana hacía los años de 1794 a 1796. Precisados sus padres, los señores condes de Jaruco, a emprender un viaje a Europa a causa de sus intereses, confiaron la niña, que estaba aún en edad muy tierna, a los afectuosos cuidados de su bisabuela, anciana respetable, a quien consagra en sus memorias los más tiernos recuerdos.

Al lado de aquella dama vivió feliz y adorada hasta la edad de nueve años, época en que volvió a la Habana el conde de Jaruco, y en que su hija experimentó los primeros sinsabores de su vida. Había sido hasta entonces tan entrañablemente querida por cuantas personas la cercaban, gozando de tan absoluta libertad, y aun podemos decir de tan acatado imperio, que a pesar de sus pocos años, veíase desenvuelto su carácter noble, franco, resuelto, con aquel espíritu de independencia que no es cualidad demasiado excepcional entre las hijas de Cuba, pero sí siempre temible para la propia ventura en las mujeres de todos los países.

La señora Merlin reconoce, en varios pasajes de su primera obra literaria, la necesidad de una perfecta armonía entre la educación y la posición social a que está destinado el individuo; y cuando nos pinta su carácter natural desarrollado sin ningún género de contradicción, impetuoso, indómito, confiado y generoso, pensamos con tristeza en lo mucho que la habrá costado acomodarse a los deberes sociales de la mujer, y ajustar su alma a la medida estrecha del código que los prescribe.

Acaso por efecto de esta prevención nos conmueven dolorosamente algunas páginas de sus memorias, en las que la autora habla de su país, de su infancia, de su corazón; y donde al través del exacto raciocinio de un espíritu elevado, esclarecido y modificado por el conocimiento de la vida y de los hombres, pensamos ver chispear las centellas de una imaginación de los Trópicos, revelando los instintos atrevidos de un alma ardiente como aquel cielo, valiente y vigorosa como aquella naturaleza, tempestuosa e indómita como aquellos huracanes.

Sin embargo, el estilo de la señora Merlin es en lo general templado, fácil, elegante y gracioso. Se encuentra en sus escritos un juicio exacto y una admirable armonía de ideas. Grandes modificaciones, como ella misma confiesa, han experimentado el talento y el carácter de la persona que nos ocupa; y si no han sido ventajosas a su originalidad como escritora, creemos que le debieron ser útiles en su destino de mujer.

Poco después del arribo del conde de Jaruco a su país natal, las influencias de una señora de su familia, devota, rígida y algún tanto fanática, alcanzaron que la niña Mercedes entrase de pensionista en el convento de Santa Clara, como único medio que podía, en la opinión de la religiosa dama, destruir los malos efectos de una primera educación libre en demasía, y en muchos puntos descuidada.

La metódica vida del claustro fue en breve insoportable para la nueva pensionista, bien que en un principio la hubiese aceptado sin repugnancia; y habiéndose negado su padre a las reiteradas súplicas que le dirigió para que la permitiese volver a su lado, concibió la atrevida resolución de fugarse del convento.

"Abracé, dice en sus memorias, la firme determinación de huir de aquel encierro, aunque no alcanzaba todavía los medios. El poder de la voluntad es inmenso, y cuando ella ejerce su imperio absoluto, un impulso desconocido hasta entonces nos asegura la eficacia y el poder de nuestras fuerzas."

En efecto, auxiliada por una joven religiosa, interesante personaje que ocupa en sus memorias un episodio lleno de sentimiento, logró escaparse del convento, y volver a la casa de su indulgente *mamita*, que este afectuoso nombre daba a su bisabuela.

Merced a la extremada cólera de la abadesa, que rehusó recibirla segunda vez, se vio libre del disgusto de volver a Santa Clara; pero no gozó la dicha de permanecer con la excelente anciana a quien tanto amaba, pues siempre dirigido por los consejos de la señora que motivó su primera separación, colocola el conde cerca de la marquesa de Castelflor, su tía, en cuya casa permaneció hasta la proximidad de aquella época en que resolvió su padre regresar a España, donde había dejado a su esposa.

Nada de particular contiene este tiempo de su vida que pasó con su tía: en sus memorias refiere algunos pormenores interesantes, pero de poca importancia, en los que no nos permite detenernos la naturaleza de nuestro escrito, destinado solamente a dar algunas noticias de nuestra célebre compatriota a aquellos lectores de su última obra, que no hayan tenido la satisfacción de conocer las primeras.

Poco antes de abandonar por segunda vez su patria, llevó el conde a su hija junto a sí, y volvió a gozar de una libertad completa, hasta que llegó el día señalado para la partida. Bellísimas y tiernas son las líneas en que la señora Merlin nos indica sus emociones en aquel día solemne.

"Alejándome de mi país, dice, dejaba todo cuanto amaba y a todos aquellos de quienes era querida. En una edad en que los hábitos tienen todavía tan escasas raíces, ya sentía mi alma lo muy doloroso que es tender una línea divisoria entre los afectos pasados y los futuros. El corazón me decía que las personas queridas que dejaba no serían en adelante el origen de mis más vivaces impresiones, y que mi felicidad iba a depender de un nuevo círculo que me juzgaría con la severidad de la indiferencia."

¡Venturoso, ha dicho el cisne de Cuba, venturoso aquel que no conoce otro sol que el de su patria!

Nada, en efecto, es tan amargo como la expatriación, y siempre hemos pensado como la gran escritora que juzgaba los viajes uno de los más *tristes placeres* de la vida.

¿Qué pedirá el extranjero a aquella nueva sociedad, a la que llega sin ser llamado, y en la que nada encuentra que le recuerde una felicidad pasada, ni le presagie un placer futuro? ¿Cómo vivirá el corazón en aquella atmósfera sin amor?

Existencia sin comienzo, espectáculo sin interés, detrás de sí unos días que nada tienen que ver con lo presente, delante otros que no encuentran apoyo en lo pasado, los recuerdos y las esperanzas divididos por un abismo, tal es la suerte del desterrado.

Hay aun en aquellos males que puede causarnos la injusticia de los compatriotas algo de consolador: podemos quejarnos y perdonarlos; pero ¿con qué derecho nos quejaríamos de los que no tienen respecto a nosotros ningún deber, ningún vínculo? ¿A qué lloraríamos si nuestras lágrimas no pudieran conmover? ¿Qué valdría nuestro perdón si no le concediese el afecto sino el desprecio o la impotencia del odio?

Así como en las familias hay lazos de unión entre los que comenzaron la vida bajo un mismo cielo, hay simpatías que en vano se quisieran destruir: hay unos mismos hábitos, y con corta diferencia una misma manera de ver y de sentir. Es fácil hacerse comprender por aquellos de quienes es uno largo tiempo conocido; pero el extranjero necesita explicarse. Faltan la ternura que adivina y la costumbre que enseña. El extranjero es interpretado antes de ser conocido. Estos inconvenientes anejos a la vida del expatriado, son mayores todavía en las personas que, como aquella que nos ocupa, están dotadas de un carácter y de un talento extraordinario; porque tales seres son ya por su naturaleza extranjeros entre la multitud, y llevan consigo una sentencia de aislamiento y un sello de desventura.

Madama Merlin ha tenido empero la fortuna de que la condujese la suerte a una nación generosa e ilustrada, a la que con orgullo y emoción llama su patria adoptiva, y adonde ha alcanzado su mérito la justicia que debiera esperar.

Siempre que hemos leído la descripción que hace de su primera navegación de América a Europa, hemos experimentado una emoción que no será común a todos los lectores, porque no todos podrán conocer el sentimiento y la verdad que encierran aquellas páginas. Pero, ¡ay! nosotros también hemos surcado aquellos mares; nosotros hemos visto el nublado cielo de Las Bermudas, y hemos oído bramar los inconstantes vientos de Las Azores. Como la célebre escritora hemos abandonado la tierra de nuestra cuna; hemos emprendido uno de aquellos viajes solemnes, cuyos primeros pasos recibe el océano; y lleno el corazón de emociones de juventud, y rica la imaginación con tesoros de entusiasmo, hemos contemplado la terrible hermosura de las tempestades y la augusta monotonía de la calma *en medio de dos infinitos*.

Todas las impresiones que pinta la autora nos son conocidas; todos aquellos placeres, todos aquellos pesares los hemos experimentado.

Desembarcando en Cádiz, recorrió la señora Merlin la mayor parte de la Andalucía antes de reunirse a su madre que residía en Madrid.

"Encontré, dice, muy pobre aquel bello país, comparándole con el mío, ¡Cuán pequeños me parecían sus tristes olivos recordando los gigantescos árboles de nuestros campos! "

Es una página hechicera aquella en que habla de sí misma, tal cual era en aquella época, y del efecto que causaba en los que la veían por primera vez:

"A los once años, dice, tenía toda mi estatura, y aunque muy delgada, estaba ya tan formada como pudiera a los diez y ocho. Mi tez criolla, mis ojos negros y vivos, mis largos y espesos cabellos me daban un aspecto semisalvaje, que estaba en perfecta armonía con mis disposiciones morales. Viva y apasionada hasta el exceso, no sospechaba siquiera la necesidad de reprimir ninguna de mis sensaciones, y mucho menos la de ocultarlas. Franca y confiada por naturaleza, y no habiendo sido nunca contrariada, me era desconocido el arte del disimulo y tenía tanto horror a la mentira como al mayor de los crímenes. De una independencia de carácter indómita para con los extraños, era débil con las personas queridas, y pasaba todo un día llorando si la menor sombra de descontento oscurecía la frente de mi padre. Estas predisposiciones de una naturaleza vigorosa, no modificadas por la educacion, antes bien enérgicamente desenvueltas con el libre ejercicio, prestaban a mi humor rápidas y violentas desigualdades, tan pronto de una alegría bulliciosa como de una melancolía profunda; y a veces, como para sentir la vida en todo su poder, experimentaba al mismo tiempo entrambas impresiones."

La casa de la condesa de Jaruco era por entonces una de aquellas en que se encontraba mejor sociedad. Los hombres más distinguidos se reunían en ella, y, según dice la señora Merlín, allí se conocían antes que en ninguna parte los bellos versos de Meléndez, Arriaza y Quintana. Pero no obstante las ventajas de una sociedad tan selecta, estaba triste y decaída la joven americana. Diríase que como Chactas echaba de menos *sus bosques y sus ríos*, y lloraba *por la choza de sus padres*.

Contribuía mucho a prolongar aquella situación de su espíritu la tierna desconfianza que concibió del cariño de su madre. Creíase menos querida que sus hermanos, y tan sensible como orgullosa, devoraba sus celos en el secreto de su corazón. Uníanse a dichas causas el constante estudio a que hubo de dedicarse para reparar el descuido de su primera educación, y no tardó en sentir su salud notablemente alterada. Algunas semanas pasadas en el campo la restituyeron su lozanía, y de vuelta a Madrid se consagró casi exclusivamente a la música y a la lectura.

Experimentó algún tiempo después la desgracia de perder a su padre, y habiendo resuelto la viuda llevar personalmente a su hijo a un colegio de París, Mercedes y su hermana fueron confiadas a una parienta hasta la vuelta de la condesa. Por entonces conoció al hombre que designa en sus preciosas memorias como objeto de sus primeras ilusiones. Hallábase en la edad en que con todo el candor y la inocencia de la infancia empiezan a sentirse las nuevas facultades de la vida; edad peligrosa que envuelve al juicio entre los brillantes engaños de una loca fantasía.

Mercedes, como la mayor parte de las mujeres en aquella edad, creyó amar a un hombre porque *amaba al amor*, y cuando regresó su madre, su enlace con el joven marqués de... fue tratado y decidido.

Su alegría por aquella resolución no fue sin embargo larga; calmóse su primera exaltación a medida que conocía mejor al hombre que creyó ligeramente dueño de su alma, y se iban disipando con rapidez las lisonjeras esperanzas y los brillantes sueños de ventura que en aquella unión había fundado. Obtuvo, pues, de su bondadosa madre la anulación del compromiso, y bien que aquel primer desengaño la hiciese una impresión que turbó por algún tiempo la serenidad de su vida, jamás volvió a escuchar ninguna de las ardientes solicitudes del despedido amante.

Poco después de estos acontecimientos ocurrieron los memorables de la invasión francesa, de los cuales habla en su memoria madama Merlín con bastante extensión, y salvo algunas ligeras inexactitudes, su relato es sumamente interesante por la imparcialidad y rectitud de juicio que se encuentra en la apreciación de los hechos. Los vínculos de parentesco y amistad que ligaban a la condesa de Jaruco con el general O'Farrill, comprometido a favor del gobierno francés, la hicieron temer ser comprendida en las persecuciones que desde la capitulación de Dupont sufrían en Madrid las personas designadas con el nombre de *afrancesadas*, y pasó con sus hijas a Vitoria, donde permaneció hasta la vuelta de José Bonaparte a la metrópoli de España.

Presentada a la corte con sus hijas, y distinguida bien presto por el particular afecto del nuevo rey, fueron reemplazados los antiguos amigos que formaban su tertulia por los personajes franceses que rodeaban a José, entre los cuales se contaba el general Merlin.

Por entonces dio la hermosa criolla los primeros anuncios de sus talentos literarios con la composición de algunas poesías del género festivo; pero distrajéronla de su nueva afición los preparativos de su casamiento, que por voluntad del rey se celebró sin tardanza. Aunque no fuese el amor quien formó aquel enlace, la joven Santa Cruz se prestó a él sin repugnancia, y en sus memorias tributa los más férvidos elogios al noble carácter y excelente corazón del general Merlin.

Dos acontecimientos igualmente memorables para la nueva esposa, aunque muy contrarios en sus efectos, se verificaron un año después: fue el uno la muerte de su madre y el otro el nacimiento de una hija. El placer de la maternidad pudo solamente templar el acerbo dolor de la irreparable pérdida que había padecido; pero nuevos disgustos vinieron en breve a acibarar las delicias de su nuevo estado. Evacuaron los franceses la Península, y el Sr. Merlin no pudo resolverse a dejar en el país que abandonaba a una esposa adorada y a la tierna hija, que fue condenada a articular sus primeros acentos en una lengua extranjera.

Desde su establecimiento en París tuvo la ilustre criolla la ventajosa aceptación que merecía por sus distinguidas prendas, y su casa fue bien pronto el centro de la más brillante sociedad. Sus dulces y elegantes modales, el encanto de su amena y variada conversación, su agradable y expresiva figura, y su admirable talento para la música, eran circunstancias que debían forzosamente hacer muy codiciado el honor de ser admitido en su selecta tertulia; pero a la cualidades brillantes une la señora Merlin las más raras y estimables del corazón y del carácter, siendo éstas las que más encomian todos los que han tenido la dicha de tratarla.

Antes de la primera publicación de una parte de sus memorias, gozaba la celebridad debida a una voz privilegiada y a su exquisito gusto para el canto; pero luego que aparecieron aquellas preciosas páginas, su nombre adquirió mayor brillo, y una nueva flor se enlazó a su corona de artista.

Vieron la luz pública primeramente *los doce años primeros de su vida* y el interesante episodio de Sor Inés; más tarde publicáronse completas las *Memorias de una criolla* que obtuvieron la más lisonjera aceptación; y posteriormente aparecieron *madama Malibrán*, un folleto sobre *la esclavitud de la raza africana en la isla de Cuba*, y el *viaje a la Habana*, que es sin duda alguna la más notable de sus obras, y la que con mayor orgullo y placer debe recibirse en su patria,

La autora ha viajado también por diversos países de Europa; pero no ha llegado a nuestra noticia que dichos viajes inspirasen ninguna obra literaria a la ilustre criolla, que parece no recibe inspiración sino con los recuerdos o la vista de su país hermoso.

Sin tener el placer de conocerla personalmente, poseemos la ventaja de haber oído, con particular complacencia, a algunos de sus más apasionados amigos; y sabemos que su conversación no tiene menos encantos que sus escritos, y que reúne al celebrado *esprit* de una parisien aquella gracia picante de las españolas y aun un poco de la agradable negligencia y penetrante dulzura de las cubanas.

Nada diremos de sus obras que el público ha juzgado, y que nosotros pudiéramos relatar de memoria; tanto nos hemos recreado leyendo repetidas veces aquellos cuadros de delicadas medias tintas; aquellos pormenores llenos de interés, que deben su principal mérito a la naturalidad y gracias del estilo.

Si no hay en las obras de nuestra compatriota creaciones estupendas, contrastes maravillosos, poseen la ventaja de que no dejan en el alma ni terror, ni desaliento. Si no hacen vibrar, hasta romperse, las fibras del corazón; si no fascinan el juicio, ni exaltan la imaginación, hablan al sentimiento, simpatizan con la razón, agradan siempre, muchas veces conmueven y, algunas cautivan poderosamente el ánimo.

¿Qué se puede pedir al escritor que nos da un libro que después de leído veinte veces todavía se abre sin fastidio?

No terminaremos sin dar las gracias a aquellos a quienes debemos la esmerada traducción de la apreciable obra a cuyo frente ponemos nuestros apuntes biográficos, y felicitamos al mismo tiempo a nuestra cara patria, a nuestra bella Cuba, por la gloria que le cabe en contar entre sus hijos a la señora condesa de Merlin; a la que tributamos este leve testimonio de admiración y aprecio, congratulándonos de que sirvan estas líneas de introducción o prólogo a la mejor de sus bellas producciones.

GERTRUDIS GÓMEZ DE AVELLANEDA

A SU EXCELENCIA EL CAPITÁN GENERAL O'DONNELL, GOBERNADOR GENERAL DE CUBA

Permitidme, General, que ponga bajo vuestra égida protectora, esta obra concebida por el sentimiento patriótico de una mujer. Me la ha inspirado el único y ardiente deseo de ver feliz a mi patria. Al descubrir sus males a la Metrópoli, al indicar los remedios que deben oponérseles, apelo a vuestra alma generosa. La omnipotencia en vuestras manos puede convertirse en áncora de salvación. Gobernador general de la Habana, sed habanero. General: reformad las leyes, obtened una representación nacional para la Isla, mitigad vos mismo la dictadura del jefe supremo, y juntaréis así nuevos laureles a los ya conquistados legítimamente por vuestro valor. Las virtudes cívicas, General, bien valen las abnegaciones militares; y la gloria de haber dado vida moral y prosperidad al país más bello del mundo, no es menos brillante que las mejores hazañas del guerrero. La vida no se concreta solamente a los tiempos presentes: también está en el porvenir, en el bien que se hace, que es el mejor testimonio de nuestro paso por la tierra. He ahí la verdadera inmortalidad que os está reservada. En cuanto a mí, débil mujer, mi vida no está más que en mi fe. Tengo fe en vos, General. Vuestro nombre, vuestra reputación de bondad, de valor y de honor, he ahí mi fuerza, mi esperanza y la recompensa de mis desvelos.

A MIS COMPATRIOTAS

Os dedico este libro, o mejor dicho, os lo restituyo mis queridos compatriotas. Está impregnado de vuestro recuerdo, está consagrado a nuestra madre común; respira amor por nuestra raza, por nuestro clima sin igual, por nuestra tierra bendita y por nuestras dulces costumbres.

Francia, mi madre adoptiva, no ha cambiado nada, en nada ha disminuido mi ardiente afección por mi país; es ella la que os trae hoy como un religioso homenaje, el tributo de su experiencia, el fruto de su civilización. Hasta hoy Europa, tan orgullosa de sus artes y de sus leyes, ha desconocido o ignorado demasiado nuestra Reina de las Antillas, sus recursos, sus riquezas y el lugar que debe ocupar en la historia de la América Meridional.

Hija de la Habana, me siento feliz de dar a conocer a España las necesidades y los recursos de su colonia, de decirle que una parte de su opulencia y de su bienestar dependen de los cuidados generosos que dedique a esos países lejanos, y del desenvolvimiento fácil y enérgico que en lo sucesivo debe conceder a las facultades que por largo tiempo ha mantenido cautivas.

Es igualmente un deber el rendir justicia a los mil talentos que Europa ni siquiera sospecha, de revelar las encantadoras virtudes que a sí mismas se ignoran, y a la vez un deber sagrado indicar a mi país las mejoras que lo elevarán entre los pueblos civilizados al mismo rango que Dios le ha designado por las maravillas de su suelo y la inefable belleza de su clima.

He escrito estas cartas sin arte, sin pretensiones de autor, pensando sólo en reproducir con fidelidad las impresiones, los sentimientos y las ideas que nacen de mis viajes. No he ocultado nada, ni de la situación social en que he encontrado a la América del Norte, ni de lo que pueda faltarnos a nosotros, compatriotas, para ser una de las poderosas y sobre todo, felices naciones del globo.

Me justificarían mis intenciones si mi franqueza pudiera ser inculpada. Jamás he indicado un mal sin poner al lado la indicación del remedio; aquí, el disimulo hubiera sido un peligro, la sinceridad es un homenaje. ¡Que sean mis esfuerzos útiles! ¡Que pueda yo dejar a mi país un recuerdo de mi afección! No he buscado la gloria del escritor, sólo anhelo la felicidad de serviros, mis bien amados compatriotas, en esta ruta de progreso que habéis emprendido y que estáis llamados a recorrer un día en brillante carrera.

Chateau de Dissay, 15 de noviembre de 1842.

CARTA I
El espectáculo del mar. La proximidad a la patria. Las velas y el vapor. Matanzas, Puerto Escondido, Santa Cruz. Jaruco. La Fuerza Vieja. El Morro.

Día 5 de.... a las cuatro de la tarde

¡Estoy encantada! ¡Desde esta mañana respiro el aire tibio y amoroso de los Trópicos, este aire de vida y de entusiasmo, lleno de inexplicables deleites! ¡El sol, las estrellas, la bóveda etérea, todo me parece más grande, mas diáfano, más espléndido! ¡Las nubes no se mantienen en las alturas del cielo, sino se pasean en el aire, cerca de nuestras cabezas, con todos los colores del iris y la atmósfera está tan clara, tan brillante, que parece sembrada de un polvo menudísimo de oro! ¡Mi vista no alcanza a abarcarlo, a gozarlo todo; mi seno no es bastante para contener mi corazón! ¡Lloro como un niño, y estoy loca de alegría! ¡Qué dulce es, hija mía, poder asociar a los recuerdos de una infancia dichosa, a la imagen de todo lo que hemos amado en aquellos tiempos de confianza y de abandono, a esta multitud de emociones deliciosas, el espectáculo de una naturaleza rica y deslumbradora! ¡Qué tesoro de poesía y de tiernos sentimientos no deben despertar en el corazón del hombre estas divinas armonías...!

Durante la noche hemos doblado los bancos de Bahama, y desde esta mañana navegamos blandamente en el golfo de México. Todo ha tomado un aspecto nuevo. El mar no es ya un elemento terrible que en sus soberbios furores trueca su manto azul por túnicas de duelo, y su zumbido melancólico por rugidos feroces; no es ya ese pérfido elemento que crece en un instante, y que como un gigante formidable aprieta, despedaza y sepulta en sus entrañas al débil mortal, que se confía a su dominio. Hermoso, sereno, resplandeciente, con una lluvia de diamantes, y, agitándose con suaves ondulaciones, nos mece con gracia y nos acaricia con placer. No, no es el mar, es otro cielo que se complace en reflejar las bellezas del cielo. Cien grupos de delfines de mil colores se apiñan alrededor de nosotros y nos escoltan, mientras que otros peces de alas de plata y cuerpo de nácar vienen a caer por millares sobre el puente del barco... diríase que conocen los deberes de la hospitalidad, y que vienen a festejar nuestra venida.

Día 6 a las ocho de la tarde, a la vista de Cuba

Hace algunas horas que permanezco inmóvil respirando a más no poder el aire embalsamado que llega de aquella tierra bendecida de Dios... ¡Salud, isla encantadora y virginal! ¡Salud, hermosa patria mía! En los latidos de mi corazón, en el temblor de mis entrañas conozco que ni la distancia, ni los años han podido entibiar mi primer amor. Te amo, y no podría decirte por qué; te amo sin preguntar la causa, como la madre ama a su hijo, y el hijo ama a su madre; te amo sin darme y sin querer darme cuenta de ello, por el temor de disminuir mi dicha... Cuando respiro este soplo perfumado que tu envías, y lo siento resbalar dulcemente por mi cabeza, me estremezco hasta la médula de los huesos, y creo sentir la tierna impresión del beso maternal.

¡Con qué religioso reconocimiento contemplo esa vegetación vigorosa que extiende por todas partes su magnificencia, los contornos ondulosos de esas costas y los movimientos del terreno, cuyas redondeadas líneas parecen haber servido de modelo a los más bellos paisajes imaginados por los poetas! Más allá, sobre colinas ligeramente inclinadas, distingo inmensos bosques virginales que ostentan a los rayos del sol sus eternas bellezas, esas bellezas siempre verdes y siempre floridas que reinan sobre la tierra y quebrantan los huracanes; y cuando veo esas palmeras seculares que encorvan sus orgullosos penachos hasta los bordes mismos del mar, creo ver las sombras de aquellos grandes guerreros, de aquellos hombres de voluntad y energía, compañeros de Colón y de Velázquez, creo verlos orgullosos de su más bello descubrimiento, inclinarse de gratitud ante el Océano y darle gracias por tan magnífico presente.

Día 7 al amanecer

He pasado una parte de la noche sobre el puente, en mi hamaca, bañada por los rayos de la luna y resguardada por la bóveda estrellada del firmamento. Las velas estaban desplegadas: una brisa ligera y caliente rozaba apenas la superficie del mar, del mar resplandeciente, temblante, sembrado de estrellas. El buque se deslizaba suavemente, y el agua, dividida por la quilla, murmuraba y se deshacía en blanquísima espuma, dejando tras de nosotros largos rastros de luz. Todo era resplandor y riqueza en la naturaleza; y cuando yo, hombre débil y mortal, con los ojos fijos en la bóveda del cielo, distinguía las oscilaciones de las velas y de las cuerdas que se balanceaban amorosamente en los aires, cuando veía las estrellas arrojando raudales de luz, agitarse e inclinarse muellemente ante mí, me sentía arrebatada de un éxtasis embriagador y divino. Las lágrimas humedecían mis párpados; mi alma se elevaba a Dios, y todo cuanto hay de bueno y de bello en la naturaleza moral del hombre aparecía a mis ojos como un objeto infinito de mi ambición. Me parecía que sin esta belleza interior no era yo digna de contemplar tanta magnificencia. Un ardiente deseo de perfección se apoderaba de mí, se mezclaba al sentimiento de mi miseria, e inclinando mi frente en el polvo, ofrecía a Dios mi buena voluntad como el modesto holocausto de una criatura débil y limitada.

He oído yo hablar de una sustancia maravillosa que los químicos llaman, según creo, peróxido de azoe; he oído hablar de la vida ficticia que produce, y que puede reasumir en un momento de alucinación todas las alegrías de la existencia humana. Pues bien, yo creo que esta sustancia no ha producido jamás un encanto semejante al de esta hermosa noche pasada a la faz del cielo en el mar de los Trópicos.

Día 7 a las ocho de la mañana

Algunas horas más y estamos en Cuba. Entre tanto permanezco siempre aquí, inmóvil, respirando el aire natal, y en un estado casi comparable al del amor dichoso.

Ya conoces mi repugnancia hacia los barcos de vapor, repugnancia que se aumenta con la idea de la poesía de las velas. La experiencia ha confirmado mi aversión a los unos y mi preferencia hacia los otros. Es incontestable que el movimiento de un barco de vela es más suave y más regular que el de un barco de vapor. Este último, además del balance y del cabeceo, es combatido sin cesar por el estremecimiento que causa el movimiento de las ruedas, sin contar la violenta y dura sacudida que prueba cuando hiende con esfuerzo las olas agitadas. No hablo del desaseo, de la incomodidad y de otras desventajas inseparables del empleo del vapor. Los sentimientos de las mujeres no son justiciables de los economistas; por muy admirable que se muestre la inteligencia del hombre poniendo a contribución los elementos para aprovecharse del resultado de su lucha, a mí me parece más grande el hombre solo batallando con los elementos. Amo yo más este combate, este peligro, esta incertidumbre del porvenir, con sus agitaciones, sus sorpresas y su alegría; una travesía a la vela es un poema lleno de bellezas y de peripecias imprevistas en que el hombre aparece en toda la grandeza de su ciencia y de su voluntad, ennobleciéndole el peligro por la audacia calculada con que lo arrostra. A los caprichos o al furor del mal opone él su fuerza y su prudencia, su vigilancia continua y su paciencia maravillosa, y siempre en lucha con los innumerables accidentes de los elementos, sabe igualmente sacar partido de ellos y dominarlos.

El hombre ha encontrado el medio de aprisionar el fuego y de calcular sus efectos. Pero los vientos son inciertos, su fuerza desconocida, su cólera imprevista, y esta misma incertidumbre es la que constituye toda la poesía de los barcos de vela. Es la vida humana con sus incertidumbres, sus temores, sus esperanzas, sus falsas alegrías; y cuando llega la dicha, cuando el buen viento sopla por la popa, ¡oh!, ¡entonces cómo se le recibe, cómo se le saluda, cómo se le festeja, cómo se embriaga la tripulación entera con su soplo de vida y de esperanza!

Te encantarías si vieses desde la orilla la gracia y la elegancia de nuestro barco, engalanado con todos los atavíos, desplegadas las velas, perfectamente atado el cordaje; se desliza precipitado y gozoso sobre un mar azul, como una joven que va a un baile.

Un vapor anda más; se sabe de antemano el día de su llegada, hasta se tiene el derecho, como en los acarreos de tierra, de imponerle una multa si no llega a la hora fijada. También sé que hay quien le encuentre muchas bellezas, que los aficionados se extasían con la perspectiva que ofrece la columna de humo disipándose en el aire. En cuanto a mí, el humo no me agrada más que en las fábricas porque no voy a ellas, y como jamás llevo tanta prisa en mis viajes que tenga que preferir un carruaje de vapor a un buen coche que anda menos y como yo quiero; como, en una palabra, prefiero mi salón a mi cocina, dejaré el barco de vapor a los mercaderes y a las mercancías y viajaré siempre a la vela.

Al mediodía

Estoy sentada en mi taburete. El sol vibra sus rayos sobre mi cabeza y te escribo sobre mis rodillas... Soy dichosa, y quiero hacerte participar de mi dicha. Vamos avanzando con la costa querida siempre delante de nuestros ojos. Una multitud de barcos de pescadores se deslizan por todos lados; se alejan y se vuelven a la playa. La brisa de mar que se ha levantado hace dos horas llena las velas de los barcos que se encaminan hacia la entrada del puerto. Los unos nos adelantan y los perdemos de vista; los otros nos siguen o nos disputan el paso, y animados todos en su movimiento, y alumbrados magníficamente por un hermoso cielo, se dibujan en el aire y se reflejan en la superficie de este mar tan sereno y tan azul, mientras las olas, divididas en todas direcciones por una multitud de quillas, se elevan orgullosamente para caer luego con una especie de voluptuosidad en penachos de espuma, arrastrando en pos de sí millares de peces de mil colores cambiantes que se deslizan, saltan y juegan en el agua.

Ya distinguimos el *Pan de Matanzas*, la más elevada de nuestras montañas. En la cumbre está la ciudad de este nombre, habitada por dos mil almas, y rodeada de ingenios de azúcar. A alguna distancia, y más cercana a la costa, descubro la aldea de *Puerto Escondido*. Al ver las cabañas de formas cónicas, cubiertas hasta el suelo de hojas de palmera; al ver los zarzales entretejidos de plátanos, que con sus largas hojas protegen las casas contra los ardores del sol; al ver las piraguas amarradas a la orilla, y al contemplar la quietud silenciosa del mediodía parece que estas playas son todavía habitadas por los indios.

Hénos aquí, enfrente de la ciudad de *Santa Cruz*, que recibió su nombre de mis antepasados, y que se adelanta graciosamente hacia la orilla. Su puerto sirve de abrigo a los pescadores y de mercado a los frutos de las poblaciones vecinas. Todas estas pequeñas ciudades situadas a la orilla del mar no tienen privilegio de exportación sino para la Habana, depósito general de la isla, que las derrama en seguida por todas las regiones del globo.

—¿Qué ciudad es aquella tan bonita, tan pintoresca, con un puerto tan resguardado de los huracanes?
—Es la ciudad de *Jaruco*, a la cual va unido el título primitivo de mi familia. Mi hermano es justicia mayor de la ciudad, y lo que es más, es su bienhechor.

Vamos avanzando rápidamente, y ya se queda detrás de nosotros el castillo de la *Fuerza*, con sus dos bastiones desmantelados y sus dos soldados de guarnición. En tiempo de Felipe II se trató por primera vez de levantar fortificaciones en sus nuevos estados de Ultramar; pero el consejo real decidió que no había necesidad; tan grande era entonces en los españoles el convencimiento de su propia fuerza. Sin embargo, los piratas de todas las naciones no tardaron en desolar las costas de la Española y de Cuba. En 1538, esta última isla fue saqueada, incendiada y destruida por una tropa de filibusteros, y sus habitantes tuvieron que refugiarse en los bosques con sus familias.

El Adelantado, don Hernando de Soto, cuya autoridad soberana era la isla, mandó que se volviese a levantar la ciudad e hizo construir el castillo de la *Fuerza*, que no se acabó hasta 1544. Hasta esta época no se permitió a los buques y a las escuadras de los españoles entrar en el puerto.

En este mismo año una porción de buques de guerra, mandados por Roberto Bate, atacaron otra vez la ciudad, que fue valerosamente defendida por el comandante del puerto y por los habitantes. El consejo real mandó que no se perdonase gasto para fortificarla. Entonces fue cuando se levantó el castillo de *El Morro* con sus formidables bastiones y el puerto de la Habana, que era ya el más hermoso y el más seguro de América, se hizo también el más fuerte de toda ella. La antigua fortaleza de la *Fuerza* fue casi abandonada; sin embargo, teniendo en consideración su antiguo servicio y su situación al Norte, se le conservó en la honrosa calidad de obra avanzada, se le dejaron sus dos soldados de guarnición y su antiguo nombre de *Fuerza*, añadiéndole solamente el adjetivo *Vieja*.

Ya volveremos a tratar de todo esto, querida hija mía. Estoy ya enfrente del puerto, y mi emoción es tan grande que apenas puedo contenerla. Aquí está *El Morrillo*, cuyos contornos se dibujan en la masa rojiza de la luz con su campana y su ligera cúpula chinesca. Alrededor de ella flotan a merced del viento y en diferentes direcciones mil banderolas de variados colores que anuncian la nación y el calibre de los barcos que están en el puerto.

CARTA II

La cárcel de Tacón. La Habana. Aspecto de la ciudad. Santa Clara. Movimiento y fisonomía del puerto. Las calles y las casas.

El 7 al mediodía

Delante de mí, hacia el lado de Occidente, El Morro edificado junto a una roca se levanta atrevidamente y se destaca por cima del mar... Pero ¿qué ha sido de esa enorme masa que parecía amenazar al cielo? ¿De esa roca colosal que me figuraba en mi imaginación tan alta como el Atlas? ¡Ah! me había engañado, no tiene las mismas proporciones; en lugar de aquella pesada y colosal fortaleza, la torre del Morro me parece solamente atrevida, delicada, armoniosa en sus contornos, una esbelta columna dórica asentada sobre una roca. Todos los sentimientos del hombre se modifican con el tiempo. El castillo del Morro está blanqueado, y su brillo contrasta con la negrura de la roca y con la cintura sombría que forman alrededor de él *los doce apóstoles* que lo circundan[1].

Ahora nos dirigimos hacia la izquierda; el viento viene de popa; algunas brazas aún y tocamos al puerto. Antes de entrar en él, sobre la orilla derecha, al lado del Norte, se divisa un pueblo cuyas casas, pintadas de colores vivos, se mezclan y confunden a la vista con los prados floridos, donde parecen sembradas. Parecen un ramillete de flores silvestres en medio de un parterre. Éstos son los arrabales de la Luz y de Jesús y María, compuestos antiguamente de *bohíos*, y transformados ahora en quintas elegantes. Como un pensamiento de muerte en un día de felicidad, se eleva un colosal fantasma en medio de bonitas habitaciones, a las cuales parece rodear con un blanco lienzo... En estos espesos muros, cuyas agudas y mortíferas puntas se descubren a lo lejos sobre cada uno de los pisos, reconozco la *cárcel* de Tacón.

A algunos pasos de distancia, y rodeado de gigantescos cipreses, se distingue un cementerio, el cual no existía en mi infancia. Yo reconozco ese lugar fúnebre con la cruz negra que, como una morada de miseri-

---

[1] Doce cañones de grueso calibre llamados vulgarmente los *doce apóstoles*.

cordia, se extiende sobre los sepulcros. En otro tiempo se encerraba bajo las losas de las iglesias la ceniza de los muertos, y en vano pedía un reposo solitario bajo la bóveda de los cielos. Más allá, no lejos de la playa, en medio de un arenal ardiente, a la orilla del mar, está la Casa de *Beneficencia*.

Pero he aquí, hija mía, que la ciudad empieza ya a confundirse con los barrios. ¡Hela aquí! Ella es, ella, con sus balcones, sus tiendas y sus azoteas, con sus preciosas casas bajas de la clase media, casas de grandes puertas cocheras, de inmensas ventanas enrejadas; las puertas y las ventanas, todo está aquí abierto; se puede penetrar con una mirada hasta en las intimidades de la vida doméstica, desde el patio regado y cubierto de flores hasta el aposento de la niña, cuyo lecho está cubierto de cortinas de linón con lazos de color de rosa. Más allá están las casas aristocráticas de un piso, rodeadas de galerías que se anuncian a lo lejos por sus largas filas de persianas verdes.

Ya distingo el balcón de la casa de mi padre, que se prolonga frente por frente del castillo de la Punta. A un lado hay un balcón más pequeño... ¡Allí era donde, siendo yo niña, contemplaba el cielo estrellado y resplandeciente de los Trópicos! ¡Allí donde, al ruido sordo y regular de las olas que se deshacían en espuma sobre la playa, exhalaba mi alma sus primeros perfumes, y se perdía en religiosas contemplaciones! ¡Allí donde inquieta, turbada, enternecida, con los ojos fijos en la inmensa extensión de la mar azul y centelleante, adivinaba yo en los candorosos ímpetus de mi corazón que había una cosa tan vasta como el mar, tan movible, tan grande, tan poderosa! ¡Sentía yo ya moverse fuera de mí misma este mundo inferior en donde bullían a lo lejos todas las alegrías y todos los dolores humanos; pero cuyos primeros rumores llegaban a mí acompañados de tan puros deleites y de tan deliciosas armonías!...

¡He aquí los campanarios de la ciudad elevándose en los aires! ¡Entre ellos reconozco el de Santa Clara, y me figuro distinguir encima de él la imagen de Santa Inés, sosteniéndose allí como una nube ligera, con su rostro pálido y sus grandes ojos negros! ¡Allí está el antiguo espectro de Dominga la mulata espiándome al través de los claustros con su linterna sorda! Las ilusiones y las realidades se confunden en mi turbado cerebro, y hacen latir mi corazón como si quisiera salirse del pecho.

Pero ¿qué es lo que veo a la entrada de la ciudad? ¡El terrado de la casa de mi *mamita*! ¡Mi alma quiere volar hacia esos lugares, y penetra con un santo respeto dentro de esos muros ennegrecidos por el tiempo, donde la mano de un ángel sirvió de apoyo a mis primeros pasos; donde, a la sombra de sus alas maternales, crecí resguardada de esos tiros envenenados, cuya herida empaña para siempre la pureza! ¡Aquí fue donde, siempre rodeada de ejemplos de bondad y de sabiduría, aprendí a conocer y a amar el bien; aquí donde la virtud me pareció inseparable de nuestra propia naturaleza, tan natural y tan simpáticamente veía yo aplicados sus divinos preceptos a las acciones más simples de la vida!... ¡Oh, hija mía, a qué inspiración tan hermosa he obedecido cuando, para cumplir un deber, he emprendido un viaje tan largo y tan peligroso! ¡Cuántas gracias doy a Dios por haberme conducido al través del océano a dos mil leguas de mis hogares, para saludar una vez todavía la tierra que me ha visto nacer! ¡Teresa, Mariana, mis amadas tías, vosotras tan jóvenes, tan hermosas, que llenasteis tan dignamente hacia mí los deberes y la responsabilidad que impone el cuidado de una vida naciente, recibid el homenaje de un corazón reconocido! ¡Mi alma se enternece profundamente a la vista de estos lugares en que yo vine al mundo entre tanto amor y tan tiernas solicitudes, y donde yo he visto brotar tan nobles inspiraciones y tan hermosos sentimientos! ¡Aquí la caridad se practicaba en el seno de la familia, se practicaba sin ostentación, e iba siempre acompañada de esta sencillez encantadora, de este franco candor, propio de los criollos, que subyuga los corazones!... A tales recuerdos se despiertan mil ardientes sentimientos en mi corazón. ¡Oh sombra de mi madre, de la querida de mi corazón, que vuelas como un vapor suave alrededor de esta dichosa morada, yo te saludo! ¡Alma querida, bendíceme!

Pero los balcones se llenan de gente a nuestro paso; nos señalan, nos saludan de todas partes. Entre la multitud distingo muchas negras vestidas de muselina, sin medias y sin zapatos, que llevan en sus brazos criaturas tan blancas como el cisne; y distingo también muchas jóvenes de esbelta estatura y de tez pálida que atraviesan con ligereza las largas galerías, con su cabellera negra, suelta en bucles flotantes, con sus vestidos diáfanos que agita la brisa y se transparentan al sol... ¡El corazón se me oprime, hija mía, al pensar que vengo aquí como una extranjera! ¡La nueva generación que voy a encontrar no me reconocerá a mí, y a una gran parte de la generación anterior acaso yo no la reconoceré! Heme aquí enfrente de mi balcón que se adelanta hacia el mar, donde todos se agitan, se apiñan, extienden los brazos, despliegan los pañuelos, y parecen apostar sobre quién me verá primero... La casa me es desconocida; no dice nada a mis antiguos recuerdos, y sin embargo yo no sé qué simpatía secreta, qué misterioso atractivo me arrastra hacia ella. ¡Oh! sí, es la casa de mi tío Montalvo, de mi amigo, de mi protector, de mi padre; no era menester que me lo dijese mi *cicerone* don Salvador, el capitán del buque negrero; mi corazón lo había adivinado.

Pero ¿de dónde vienen esas voces mezcladas a tan monótonas y tristes cadencias? Así como al acercarse a un torrente se siente llenarse el aire de armonías salvajes, así estas voces son gritos y cantos a la vez. ¡Y qué cantos, Dios de misericordia! ¡Si tú los oyeses, hija mía! Más bien que armonías humanas parecen un concierto dado por dos espíritus infernales al rey de las tinieblas en un día de mal humor. Es el murmullo de las aguas mezclado al ruido de los remos movidos en todas direcciones por negros medio desnudos, que conducen innumerables barquichuelos, y gritan, fuman, y nos enseñan sus dientes en señal de contento, para darnos la bienvenida.

Atravesamos sus muelles poblados de una multitud mezclada de mulatos y negros; los unos están vestidos de pantalón blanco, de chaqueta blanca, y cubiertos de grandes sombreros de paja; los otros llevan un calzón corto de lienzo rayado, y un pañuelo de color liado a la frente; los más llevan un sombrero de fieltro gris calado hasta los ojos, una faja encarnada prendida con descuido al costado; todos sudan con el calor; y sin embargo todos se muestran listos y serviciales. Se ven infinidad de toneles, de cajas, de fardos, conducidos en carros, tirados por mulas y guiados negligentemente por un negro en camisa. En todas partes hay letreros que dicen *café, azúcar, cacao, vainilla, alcanfor, añil*, etc., sin dejarse de oír un momento las canciones y los gritos de aquellos pobres negros que no saben trabajar sino al compás de estrepitosos gritos, marcados con pronunciadas cadencias. Todo el mundo se mueve, todo el mundo se agita, nadie para un momento. La diafanidad de la atmósfera presta a este ruido, así como a la claridad del día, algo de incisivo, que penetra los poros, y produce una especie de escalofríos. Todo es aquí vida, una vida animada y ardiente como el sol que vibra sus rayos sobre nuestras cabezas.

Acabamos de echar el ancla en medio de un bosque de mástiles y de cuerdas. Los pasajeros preparan su pasaporte; me acuerdo yo del mío, y pudiera estarlo buscando todavía. Después de haber rebujado todos mis papeles, he visto que lo he dejado en París, y sin embargo, he atravesado la Inglaterra y los Estados Unidos sin que nadie me haya preguntado por él. Si bien es verdad que las cosas se llevan aquí de otra manera, confío en que no tendré que volverme sin haber pisado la tierra natal. Al llegar a ella me parece que llego a mi casa. ¿Qué derecho más sagrado que el de vivir en el suelo donde se ha nacido? La sola propiedad incontestable del hombre debe ser ésta, la patria. Este primer lote que la naturaleza nos concede al nacer, no es sin embargo más espacioso que el último.

Una infinidad de barquichuelos se dirigen hacia nosotros conduciendo amigos y curiosos y empleados de la aduana y, por medio de éstos, un recado muy cumplido de parte del intendente. Esto es ya un buen agüero para el negocio del pasaporte. Entre la multitud de chalupas distingo una que se apresura, y parece impaciente por abordar nuestro buque. Está pintada de blanco con franjas encarnadas, y sus remeros vestidos de pantalón blanco y ceñidos de fajas azules y carmesíes, jadean, sudan, hinchan el pecho y avanzan, avanzan hasta tocar nuestro *dick*. En ella vienen cuatro jóvenes, el mayor de los cuales podrá tener veinte años, que extienden los brazos y agitan los pañuelos. Sus vestidos son elegantes y de buen tono, sus estaturas altas, su tez todavía adolescente está sombreada por un bozo suave, y sus vivas miradas se velan con una tinta agradable de juventud y de candor. Nótase un aire de finura y delicadeza en todas sus personas, y según dan muestras de querer saltar de la chalupa, se les tendría por un nido de los más hermosos pájaros americanos. Son los hijos de mi tío Montalvo, mis primos hermanos. Los agentes de la junta de sanidad deben venir, y no vienen. Entre tanto se nos trata como apestados, y estamos reducidos a cambiar algunas palabras con las personas que se pasean en las barcas alrededor del buque. Al cabo nos avisan que los representantes de la facultad de medicina están comiendo, y como estos señores tienen la costumbre de no dejarse interrumpir en tales ocasiones, nos vemos obligados a permanecer todavía algún tiempo en nuestro calabozo al aire libre.

He aquí que distingo un hombre de edad avanzada, vestido de negro, con la gran cruz de Isabel la Católica, con los cabellos empolvados, de rostro pálido y de facciones finas, mirada expresiva y maneras nobles; viene solo y de pie en una chalupa... me llama, oigo mi nombre,

Mercedes, me llama con una voz dulce y conmovida: ¡*Mercedes*! ¡Sola! ¡Sola! y sus ojos notables por una inefable expresión de bondad, se arrasan de lágrimas... me llama, y me mira como a mi madre. ¡Sí, es él, es mi tío querido! Lo adivino más bien que reconocerlo; no encuentro diferencia entre estos dos movimientos de mi alma. Dijérase que en este instante mi corazón está en mi vista, porque siento confundirse mi corazón, mi vista y mi memoria en esta viva revelación. La chalupa se acerca seguida de otras chalupas. ¡Mi tío, mi hermano, todos los míos vienen sin duda con ellos! ¡Mi corazón los está llamando, me muero de ansiedad y de impaciencia! Todavía más barcas; por fin una de ellas aborda el buque... son ellos... Adiós, ángel mío, adiós.

El mismo día por la noche

Son las doce de la noche, y me siento muy cansada; pero no quiero acostarme sin contarte una parte de mis impresiones de esta tarde.

Hemos bajado al muelle, enfrente de la iglesia de San Francisco. Después de haber paseado por el malecón, subí al carruaje con mi tío, y nos dirigimos a su casa. No sé decirte, hija mía, cuál ha sido mi emoción al encontrarme en medio de esta ciudad en que he nacido y donde he dado mis primeros pasos en la vida. Cada objeto que hería mi vista renovaba una impresión de mi infancia, y me sentía penetrada de una alegría algo salvaje que me hacía llorar y reír al mismo tiempo. Me parecía que todo lo que veía era mío, que todas las personas que encontraba eran amigos; hubiera abrazado a las mujeres; les hubiera dado la mano a los hombres; todo me gustaba: las frutas, los negros que las llevaban de venta, las negras que se pavoneaban balanceando sus caderas en medio de la calle con sus pañuelos en la cabeza, con sus brazaletes y su cigarro en la boca; me gustaban hasta las plantas parásitas que crecen entre las guirnaldas del *aguinaldo* y de la *manzanilla* que penden de las paredes; el canto de los pájaros, el aire, la luz, el ruido, todo me embriagaba; estaba loca, y era feliz.

A estos placeres que se unían con mis recuerdos, sucedía la sorpresa encantadora que me causaba la extraña apariencia de esta ciudad de la Edad Media, que se ha conservado intacta bajo el Trópico, y estas costumbres singulares en que se reconoce a la vez a la España y a la América. Estas calles estrechas, de casas bajas, con balcones de madera y ventanas enrejadas todas abiertas; estas habitaciones tan aseadas, tan llenas de luz, tan alegres, donde se encuentra el *Quitrín,* carruaje del país; en la sala, en estas salas tan frescas y tan elegantes; luego la niña, como la llaman aquí, envuelta en su ropa aérea, con los brazos desnudos y enlazados a la reja, mirando con aire de curiosidad a la calle, y en el fondo el patio guarnecido de flores; la fuente, cuyos saltadores frescos y limpios derraman la vida en los pétalos de la *pitahaya* y del *volador...* Pero hasta mañana, hija mía; ya te diré las nuevas emociones que me esperaban al entrar en casa de mi tío.

CARTA III

Interior de la familia. Lujo en la mesa. Comida de los criollos. Mi tío el conde de Montalvo. Una fiesta en el campo. Las mujeres y los regalos. Los caminos. El sol de los Trópicos. La noche en la Habana. El derecho de asilo. Los asesinatos. José María y Pedro Pablo. Los perros y los bandidos. Las calles por la noche. Paseo de Tacón.

11 de julio, La Habana

Me ha sido imposible escribirte, Teresa mía, durante muchos días. La casa de mi tío Juanito, a quien debo la hospitalidad, no se ha desocupado desde mi llegada. Estoy rodeada de parientes, de amigos, de antiguos criados de la familia; a los unos los reconozco a pesar de las injurias del tiempo, a los otros no los he podido reconocer. Una juventud cariñosa que me trata con fraternal familiaridad, y me es enteramente desconocida; caras extrañas, pero francas y alegres, se me presentan como para hacerse retratar, preguntándome con tono gracioso: "¿me conoces?", y yo, para no disgustarlas, les respondo siempre que sí. Además de esto me sucede que confundo a todos, los unos con los otros, tomando al hijo por el padre, al sobrino por el tío, y cometo otra porción de torpezas que excitan una risa general. Llegan enseguida los negros y las negras alegres y enternecidos, presentándome cada cual la lista de sus derechos a reconocerme y a ser reconocidos a su vez; la una dice que me llevaba en brazos; la otra que jugaba conmigo; otro que me calzaba; aquella que cantaba para dormirme; ésta que debió su libertad a los cuidados que me prodigó en mi infancia. Llega enseguida mi hermano de leche, un negro alto, de más de seis pies, hermoso como su madre, de dulce y tierna fisonomía. En fin, ¿lo creerás? hasta mamá Águeda, la nodriza de mi madre, que vive aún, ha andado dos leguas, a pesar de sus muchos años, para venir a besarme la mano y llamarme su hija.... ¡Si vieses a la pobre vieja con sus manos descarnadas y sus brazos más descarnados aún, con su vestido de manga corta y su pecho arrugado y descubierto hasta la cintura! De aquí abajo lleva solamente un vestido ligero de batista de colores extravagantemente mezclados; un mantón oscuro cubre su cabeza y rodea su rostro negro y arrugado, del cual se destacan dos grandes ojos negros a la flor de la cara, dos ojos cuya brillante blancura revela aún el ardor de su sangre africana, pero cuya expresión salvaje está templada por una debilidad en los rayos visuales, que prueba la decadencia de su naturaleza. He aquí a la buena vieja colocada delante de mí, y sentada en el mejor sillón de mi cuarto, con las manos apoyadas en sus rodillas, devorándome con sus ojos, y respondiendo a cada pregunta que yo la hago sobre un individuo de su familia: *"mori"* (ha muerto).

La casa de mi tío es muy grande, y está rodeada de altas galerías, que se pierden de vista, cerradas de persianas para evitar los rayos del sol. En una de estas galerías es donde comemos, porque aquí los comedores en el interior de las casas están prohibidos a causa del calor. Las familias son tan numerosas, que aun para las comidas ordinarias necesitan un grande espacio, y tienen siempre cierto aire de fiesta que las dan el número de convidados y de criados y la desordenada profusión de los manjares. No es nada extraño, por pocos convidados que asistan, gastarse en una de estas comidas de tres a cuatro mil duros. No hay casa opulenta que no tenga un cocinero francés, y no pueda reunir de este modo en su mesa los platos más exquisitos de la cocina francesa, con las riquezas de este género que la naturaleza prodiga a nuestras colonias.

Los habaneros comen poco a la vez, como los pájaros; a cualquier hora del día se les encuentra con una fruta o un terrón de azúcar en la boca; por lo demás prefieren las legumbres, las frutas, y sobre todo el arroz; la carne es un alimento poco conveniente al clima; son sobrios más bien que gastrónomos. Los señores de la alta clase, a pesar del lujo europeo de sus mesas, reservan la verdadera simpatía para el plato criollo; gustan de los otros manjares, pero se alimentan principalmente de aquél; los unos son el lujo de la opulencia que sirve para regalar al extranjero, el otro es como estos muebles ordinarios, descoloridos tal vez por el uso, pero que conservan los pliegues del cuerpo, y cuya tela se prefiere a las cachemiras y los brocados. Yo misma que no las pruebo hace muchos años, no sabré decirte con qué delicia saboreo estos *caimitos* que parecen terciopelo, estas *zapotillas* suaves y de un gusto silvestre, estos *mameyes*, alimento de las almas bienaventuradas en los valles del otro mundo, según la creencia de los habitantes de Haití y en fin, el *anón*, crema exquisita, cuyo gusto compuesto de los más deliciosos perfumes es un néctar digno del Paraíso. Mi tía me fue a servir el primer día de unos de los mejores platos de nuestra cocina, y yo alegre y modesta enfrente de un simple *ajiaco* le respondí con tono desdeñoso: "no, no me gusta; no he venido aquí sino para comer platos criollos".

Por grande que sea la casa de mi tío, apenas bastará con su familia y sus criados: tiene diez hijos, otros tantos nietos, y más de cien negros para su servicio. Mi tío es un excelente sujeto, amante de su país con pasión, y de una bondad inexplicable; su filantropía no se limita solamente a los que le rodean, sino que se extiende a todos los desgraciados. Sumamente instruido en fisiología y en medicina, cura un gran número de enfermedades y no se limita a sus hijos y a sus esclavos, sino que como su ciencia es en cierta manera venerada, y es fama que ha hecho curas maravillosas, lo llaman de todas partes. Es tanta la humanidad de su corazón, que en medio de los criados que reclama su casa donde tiene que velar sobre ochocientos esclavos, y a pesar del gran número de negocios públicos que le ocupan, toda vez que un pobre enfermo reclame su asistencia, corre a prestarle sus auxilios y sus socorros, aunque sea en mitad de la noche.

Temeroso de no bastar por sí solo a hacer todo el bien que quisiera, ha comunicado a todos sus hijos sus especiales conocimientos, y no es raro encontrar a alguna de aquellas interesantes muchachas, imágenes vivas de la caridad, animadas de una benéfica esperanza, preparando con sus manos blancas y delicadas los medicamentos que su padre le ha enseñado a confeccionar y aplicar. Pero sobre todo cuando se trata del bien del país, es cuando hay lugar de admirar la actividad de mi tío; entonces se hace infatigable. La mayor parte de las comisiones formadas para aumentar la prosperidad de la isla le cuentan por miembro o por presidente. Siempre es el primero cuando se trata de estimular un descubrimiento, de dar impulso a algún proyecto útil al país; y todo esto con la vehemencia, con la firmeza y calurosa voluntad que parecen también frutos de nuestro sol.

Mi tía María Antonia es una santa mujer; ella hace por sus manos la canastilla para sus negras, y envía una parte de las viandas delicadas de su mesa a sus esclavos viejos o enfermos. Jamás riñe a sus negros, antes les permite todo género de pereza y de descuidos; así es que, excepto a la hora de la comida, se encuentra a sus negras tendidas todo el día en el suelo sobre esteras de junco, cantando, conversando y peinándose unas a otras.

Desde mi llegada ha habido todas las noches una brillante concurrencia en casa de mi tío, donde tengo lugar de observar toda la gravedad española y toda la indolencia de los criollos y de los naturales. Los hombres se pasean fumando por corredores alumbrados por bujías, y tratan de negocios o de galantería, mientras que las mujeres, sentadas en círculo en sillas que se balancean solas, y que se llaman *butacas*, hablan entre sí con esa voz un poco metálica que tú sabes, y abanicándose sin cesar, por más que la brisa de mar que entra por los balcones barra los pavimentos y haga abrirse y cerrarse las puertas. Tal es esta brisa, que apagaría todas las luces si no se tomase la precaución de tenerlas bajo campanas de cristal; pero fuera de la corriente la atmósfera quema como lava inflamada del Vesubio.

Apenas suena la primera campanada de la oración, se interrumpen todas las conversaciones; los concurrentes se levantan y rezan en voz baja, cesa de sonar la campana; todo el mundo se abraza, y se da las buenas noches; los niños vienen a besar la mano a su madre, y la gente se vuelve a sentar y a continuar la tertulia. La mayor parte de estos coloquios son de poca importancia, como en todas partes; pero aquí a lo menos tienen el mérito de una naturalidad encantadora. El carácter sencillo de las criollas presta a su trato un atractivo indecible, todo es natural en ellas, y se las ve envejecer sin apercibirse de ello, y sin que la pérdida de sus encantos afecte vuestro cariño. Jamás se les ha ocurrido teñirse las canas, ni ocultar una arruga. Esta pureza de alma, esta abnegación voluntaria no sólo las hace más amables, sino que prolonga su juventud, y las hace amar a pesar de los años.

La vida doméstica de la Habana parece renovar los encantos de la Edad de Oro. Siempre se encuentran aquí un trato candoroso y apasionado, el abandono y la confianza, la fe en el amor y en la amistad; hay en estas gentes algo de simpático y de acariciador que penetra hasta el fondo del corazón. ¡Qué cosa más dulce que esta seguridad en la benevolencia y en el afecto de todos los que nos rodean!

Poneos a escuchar a la puerta del salón donde está reunida la familia: todo es petulancia, alegría, abandono, delirio; todo el mundo se tutea; las edades y las conversaciones se confunden; todo el mundo es feliz; el corazón se ha encargado de hacer los honores de la fiesta.

No podré decirte los cuidados y las finezas de que soy objeto. Todos me vienen a ver, y todos me hacen regalos. Las frutas y las flores llueven sobre mí; me dan hasta oro; porque es costumbre de los criollos el regalarse en familia una onza de oro, como si fuese un ananás o un mamey, y todo esto con una ingenuidad, con un cariño verdaderamente admirable. Los regalos se hacen siempre llenos de dijes, de flores y de dulces, cuando no consisten en estos objetos. Pero los que yo recibo con más gusto son los que me suelen hacer mis primas por medio de algunas de sus hijas; la hermosa niña viene a mí cargada de una fruta más grande que ella, o de un ramo de *cactus*, casi tan hermoso como el encarnado de sus mejillas, y me dice arrodillándose y levantando hacia mí sus ojos llenos de candor: "Tía, esto te manda mamá".

Estoy esperando a mi hermano que no estaba aquí a mi llegada, y a mi tío O'Farrill, uno de los patriarcas de la familia. Los caminos, malos de suyo y expuestos a la intemperie de las estaciones, se hacen impracticables durante las lluvias. Los ríos salen de madre; y como no se puede pasar sino vadeándolos por falta de puentes, los caminantes están expuestos a mil peligros. Así es que apenas llega la estación de las tormentas, todo el mundo se apresura a volverse a la ciudad, aun a riesgo de pasar un día entero metido en un pantano o en alguna torrentera. Esta falta de caminos practicables obliga también a los habaneros a encerrarse en la ciudad, al tiempo que el ardor de la canícula produce más enfermedades, y les sería mas necesario el aire puro del campo.

12 de julio

El calor es excesivo, y el viento sopla como si saliese de un horno. Todo trabajo se hace imposible y por mi parte siento una angustia vaga, causada por la lucha que hay entre la actividad de mi cabeza y la debilidad de mis miembros. Las costumbres activas de Europa, los recursos que ofrece para toda la civilización del antiguo mundo, me faltan completamente aquí y hay ocasiones en que siento como una especie de despecho en haber degenerado de mis antepasados los indios, porque el *dolce far niente* no basta a mi dicha. Uno de los caracteres particulares de la raza actual de los españoles habaneros, plantas europeas trasplantadas a esta isla, es el contraste que existe entre la languidez de estos cuerpos pequeños y delicados incapaces de sufrir la menor fatiga, y el ardor de su sangre que se revela en los gestos, en los gustos, en la manera de hablar y de discurrir, siempre viva, apasionada e impetuosa. A pesar de eso, el amor del dinero y los hábitos de obediencia de los esclavos mantienen una agitación perpetua y un movimiento que aturde en el puerto, a las horas mismas en que la ciudad sumida en el reposo más absoluto saborea los deleites de su inevitable soñolencia. En cuanto a los negocios y a las transacciones comerciales, pocas veces se hacen bien, y siempre duran mucho. Para ahorrarse de dar un paso, de decir una palabra, de poner una firma, hay siempre una disculpa, hay siempre un pretexto, hay siempre un mañana. El sol, un sol implacable, se está interponiendo perpetuamente entre vos y vuestros agentes, entre vuestros agentes y vuestros negocios.

Influida por este cielo ardiente, la vida se multiplica aquí bajo todos sus aspectos, bajo todas sus formas; y si bien es verdad que el espectáculo de una naturaleza rica y variada encanta el alma y los ojos, fuerza es confesar también que tiene sus inconvenientes en esta opulencia. Yo a lo menos lo estoy repitiendo siempre, especialmente cuando los implacables mosquitos ponen a prueba mi paciencia. Mis brazos y mis manos están en un estado deplorable; si me los cubro para escribirte me sofoco, me abraso, me muero; si los dejo a merced de estos infernales enemigos, parece que me los quieren devorar. No puedo librarme de ellos sino dándome baños de aguardiente de caña, que es aquí una panacea universal aplicable a todos los males, y haciéndome abanicar después sin enjugarme por una negra mientras estoy escribiendo.

Cuentan en el país una historia muy instructiva a propósito de los mosquitos. Los primeros europeos que vinieron a la isla encontraron un número infinito, no solamente de estos insectos, sino de otros más o menos voraces que anublaban el aire, y devoraban a los pasajeros. Un sabio economista de la época tuvo el pensamiento de traer, según dicen, en una caja unos pocos de mosquitos de otros países, y de probar sus fuerzas contra los insectos indígenas. El ensayo salió bien: los insectos extranjeros pudieron más y devoraron sin piedad a los insectos naturales, tanto que al cabo de algún tiempo no quedaba un solo mosquito indígena en la isla. Pero en cambio los insectos naturalizados se hicieron más numerosos y temibles, y sus picaduras fueron tan punzantes, que desde entonces se está echando de menos la antigua raza. La raza europea, esta raza ingrata de mosquitos, es la que ahora me está haciendo a mí víctima. Pero aunque expuesta a las mordeduras de esta especie de compatriotas, no me faltan las compensaciones. ¡La noche es aquí tan bella y tan deliciosa! ¡Qué transparencia! ¡Qué grandeza en este cielo resplandeciente de estrellas y de meteoros! ¡Cómo se balancean en el aire las nubes gigantescas adornadas de ópalos y de rubíes! ¡Cómo penetra en los poros abiertos por el calor el soplo tibio de la brisa de tierra embalsamada con todos los perfumes de la vegetación! Ni ¿cómo pintarte todo el poder de esta vida animada y sensual, particularmente en aquellas horas en que al ardor sofocante del día sucede el aire dulce y voluptuoso de la tarde? Cuando frente por frente del puerto, casi enteramente acostada en el fondo de mi butaca, me pongo a contemplar desde el balcón de mi tío el buque que con sus velas desplegadas se destaca a lo lejos sobre el firmamento estrellado en medio de una atmósfera clara y resplandeciente, cuando veo a la luna aparecer a mi derecha y bañar con sus rayos el castillo del Morro que se eleva a mi izquierda, dibujándose en el espacio como un blanco fantasma, con su vacilante farol cuya luz da vuelta en medio del aire, ocultándose y volviendo a aparecer sucesivamente como un resplandor fantástico, entonces me creo trasplantada a un mundo encantado, y gozo con todas mis potencias de esta felicidad fugitiva.

Mi tío ha tenido la galantería de destinar a mi servicio una *volanta* muy elegante y hecha expresamente para mí. Aquí cada individuo de la familia, hasta los niños, tiene su volanta y a la caída del día, a la hora de paseo, toda nuestra calle se llena de carruajes, como sucede en París a la salida del teatro.

La hora de salir es a las seis. Los quitrines van con el fuelle plegado; las señoras vestidas de blanco, con la cabeza descubierta, y con flores naturales en los cabellos; los hombres de frac, corbatín, chaleco y pantalón blanco; tal es el vestido común y general en todas las clases de la sociedad. Ayer tarde salí con mi tía María Antonia, y antes de ir al paseo de Tacón íbamos a ver a mi prima Pepilla, cuando al atravesar la plaza de Belén fuimos detenidas por una especie de motín que se había formado junto a la iglesia. La muchedumbre se agolpaba a la entrada, pero no osaba penetrar; una de las puertas estaba cerrada, la otra estaba entreabierta, y por ella se veía asomar la cabeza de un hombre que gritaba con tono solemne: *rogad por el criminal, hermanos míos*. Pregunto lo que esto significaba, y me respondieron que un asesino escapado de manos de la justicia se acababa de refugiar en aquella iglesia que goza de derecho de asilo. "De buena ha escapado" añadió el desconocido que nos daba esta explicación: "La distancia era bastante, y todo el mundo corría tras él. Es verdad que si él no hubiera llegado a la iglesia de Belén ... "

–¿Qué queréis decir? –pregunté yo–, ¿no tienen todas las iglesias el mismo privilegio?

–No, señora, la de Belén y otra son las únicas que lo tienen; y para eso esta otra nadie sabe cuál es más que los clérigos. Si por casualidad se encuentra al paso del fugitivo y éste entra en ella, esta circunstancia se considera como una prueba de la protección divina, y el malhechor encuentra su perdón.

Seguimos nuestro camino, y entre tanto que llegábamos al paseo, me fue diciendo mi tía:

–Estos espectáculos no son raros aquí. Los asesinatos, aunque más raros desde que estuvo aquí el general Tacón, se reproducen todavía bastante a menudo, y a la luz del día, La venganza, ya obre por su cuenta u obedezca a algún poderoso, este ardor de la sangre que en este país lleva al asesino a matar no más que por matar, producen aquí más muertes que el robo en otros países. Nuestros ladrones de camino empiezan rara vez a serlo por elección; regularmente son empujados a esa clase de vida por otros crímenes particulares. Así nuestros *guajiros* son generalmente hombres enamorados, celosos o pendencieros, que han tenido una pendencia a la salida de un baile o de una pelea de gallos. El que mata a otro huye al interior de la isla, se le persigue y se pone a precio su cabeza. Abandonado como enemigo de la especie humana, obligado a temer y a defenderse, se hace ladrón para proveer a su existencia, y asesino para conservarla. Pero en medio de esta degradación suelen conservar los más de ellos cierto carácter aventurero y caballeresco que no está desprovisto de cierta generosidad.

Una noche mi hijo Ignacio, todavía muy joven, se había detenido en el campo, y volvía bastante tarde a caballo de una quinta de aquí de los alrededores; venía cantando, y eran ya cerca de las doce de la noche, cuándo distinguió un hombre sentado al pie de uno de los naranjos que servían de guardarraya o lindero de una heredad. El hombre tenía la brida de su caballo liada a la muñeca; la escopeta estaba apoyada en un árbol; llevaba en la faja un machete, y se entretenía en cargar un trabuco. Mi hijo se creyó perdido; pero continuó andando y tarareando, a pesar de la inquietud natural que le inspiraba aquel encuentro.

–Buenas noches, Sr. don Ignacio –le dijo el desconocido.

—Buenas noches, caballero —respondió mi hijo.
—Muy tarde es para pasearse así, señorito —añadió el otro—. Si quiere Ud. creerme, vuélvase a casa, que el sereno no es bueno para la voz. Y continuó cargando su trabuco.

A la mañana siguiente supimos que el alcalde pedáneo andaba en persecución de José María, y que este famoso ladrón era el que en la noche anterior había encontrado mi hijo.

—¿Y lo prendieron? —pregunté yo a mi tía.

—Sí, pero bastante tiempo después. Son tan temibles estos hombres —continuó diciendo—, y tan indomables en la temeridad que, a pesar del dinero que se ofrece por ellos, nadie se atreve a prenderlos. Recorren las *estancias*; entran en las ventas, y comen y beben, y hacen su gusto, sin que nadie se atreva a exponerse a su venganza. Voy a contarte una anécdota, que te dará una idea del carácter singular de estos hombres.

Un día iba yo a nuestra hacienda de Canasí con todos mis hijos, que eran ocho, el mayor de diez años. Los caminos estaban tan malos, que las mulas se metían en el fango hasta el petral, y sólo a fuerza de gran trabajo pudimos llegar a las once de la noche al ingenio de Pedraita, a una legua de Guanao, donde nos estaban esperando para comer. Pero el río que separa estas dos propiedades había crecido tanto durante aquella mañana, que era imposible pasarlo; y habiendo estallado una insurrección de negros en Pedraita, tuvimos también que dejar corriendo este punto, ¿Qué hacer pues? Decidimos vadear el río a todo trance. Estaba yo sentada a la orilla haciendo por consolar a mis hijos que lloraban de hambre y de miedo porque la noche era muy oscura, y el ruido del agua y el viento les causaba espanto, cuando he aquí que se nos aparece un hombre vestido de guajiro, armado de pies a cabeza, y con el caballo de la brida.

—"Señora doña María Antonia —me dijo—, ¿en qué puedo yo servir a Ud.? Mi caballo es bueno, y él y yo estamos para lo que Ud. mande. Si Ud. quiere, pasaré a los señoritos uno después de otro. No haya miedo; la jaca anda bien". Y acariciaba al mismo tiempo a su caballo.

—"Gracias —le respondí yo—; no quiero que los niños se separen de mí; pero si queréis encargaros de esta caja que encierra objetos de algún valor"...

—"Bueno, venga el cofrecito". Y tomando el cofre, lo puso delante de la silla; se arrojó al agua y desapareció. Al cabo de una hora resolví ponerme en camino con mis hijos, pasamos por fin el río, y llegamos a la una a la posada de Guanao. La primera persona que se me presentó, fue el guajiro con el cofre. Aquel hombre rehusó toda gratificación, y parecía recibir un favor cuando yo le daba las gracias. La caja contenía brillantes y otros objetos de gran valor.

–"Señora doña María Antonia –me dijo el posadero cuando el guajiro se fue—, ¿conoce usted a este hombre?

–Es la primera vez que le veo.

–Pues es Pedro Pablo, el famoso jefe de ladrones que infestan este país hace seis meses.

–En verdad, tía –dije yo–, no sé qué admirar más, si la lealtad del bandido o vuestra confianza en él.

–Pues no, yo no me arrepiento de ello, y estoy segura de que hubiera hecho lo mismo si le hubiese conocido. Aquí un ladrón que habla como amigo, no hace traición jamás. Lo que hace es llevar siempre el valor hasta una temeridad inconcebible. Resiste a la justicia, a los soldados, a todo el mundo, y aun ha sucedido el caso de que uno de nuestros jóvenes aventureros, picado de oír celebrar el valor de un bandido, hizo la calaverada de desafiarle en regla. El cartel fue fijado en un bosque, y el duelo se verificó con todas las reglas de la caballería.

Los enemigos más temibles de los ladrones son los perros. La raza canina de Cuba es única por su fuerza, por su inteligencia y por su increíble aversión a los negros cimarrones. Cuando se deserta un esclavo, conduce el mayoral un perro al bohío o cabaña del fugitivo, y aplica a las narices del mastín cualquiera de las prendas del negro. A veces suele trabarse un combate entre el negro y el perro; pero este último lleva siempre la ventaja, y aunque sea herido, no suelta su presa. Con un tino y una ligereza admirables, salta sobre su contrario, procurando agarrarle las orejas, y una vez conseguido su objeto, clava los dientes con tanta fuerza, que el dolor hace sucumbir al negro y entregarse a merced de su contrario, el cual se contenta entonces con hacerlo levantar y conducirlo a donde están sus compañeros. Pero si el negro no se defiende, como sucede casi siempre por el espanto que le causa la presencia de su contrario, no le hace éste mal ninguno, contentándose con hacerle marchar delante para derribarle a la menor tentativa de fuga. Si alguna vez el negro hace armas contra su dueño, el perro entonces se coloca detrás de éste, acechando con la boca abierta, y espera la señal del ataque, sin tomar nunca la iniciativa; siendo tal el instinto y obediencia de estos animales, que aun cuando vean herido a su amo, ni ladran ni le defienden sino cuando éste les hace la señal.

Antes de ayer, tres malhechores que habían devastado las cercanías de Marianao, a corta distancia de La Habana, después de haber burlado todas las persecuciones de la justicia, han sido conducidos a la ciudad por dos perros. Cuando llegaron junto a la ciudad, uno de los perros, con la boca ensangrentada y el ojo fijo en su presa, se quedó custodiando sus prisioneros junto a una zarza, mientras que su compañero, corriendo hacia la ciudad, aullaba, mordía las ropas de los que encontraba, e indicaba por señas ingeniosas el sitio donde se hallaban los presos. Al fin consiguió hacerse entender, y condujo al alcalde al lugar donde el otro perro, fiel a su deber, custodiaba a los malhechores, que estaban medio muertos, tendidos sobre la yerba. Uno de aquellos desgraciados tenía la mejilla destrozada, y todos tres habían sido gravemente heridos en el combate.

–Tía mía, ¿esos perros deberán ser muy forzudos?.

–No lo parecen, sin embargo; se asemejan mucho a los lebreles; pero su piel es más dura y el color más claro. Las gentes del campo no se ponen nunca en camino sin ir acompañados de su jauría, con cuya escolta atraviesan sin temor los bosques salvajes, donde la justicia de los hombres no ha penetrado nunca y muchas veces suelen deber la vida a sus compañeros de viaje".

A este punto de su narración llegaba mi tía cuando entramos en el paseo de Tacón. El sol se ocultaba envuelto en hermosos cendales de oro; la palmera, la magoa, la jagua y los graciosos matorrales de rosa altea, agitados por la brisa de la tarde, se balanceaban dulcemente; las aves, que habían estado silenciosas durante el calor del día, cantaban alegremente rebuscando su nido, meciéndose sobre la débil y perfumada rama que debía servirles de asilo y protegerlas contra el rocío de la noche. Algunas jóvenes sentadas a sus ventanas, contentas y risueñas, dirigían al través de las rejas miradas que brillaban como estrellas, y nos saludaban agitando sus blancas manos. Otras, recostadas voluptuosamente en sus quitrines, gozaban desdeñosamente de la dulzura del aire y de la hermosura de la naturaleza. Nadie se paseaba a pie; los hombres, encajonados gravemente en el fondo de sus volantas, fumaban tranquilamente saboreando su dicha; la comercianta, la mujer de la clase media, lo mismo que la gran señora, gustaban también en sus quitrines las delicias y la molicie de los ricos. Los primeros ahorros se emplean aquí siempre en la compra de un quitrín o de un piano, y, la que no ha podido llegar a este grado de lujo, atraviesa la calle furtivamente para visitar alguna vecina, siempre vestida de blanco, y con los pechos, los brazos y la cabeza descubiertos. Cuando se las ve deslizarse de este modo, parecen palomas que huyen espantadas por el ruido del hacha del leñador. Pero las negras, ¡oh! de ellas solamente es la calle; se las ve en gran número colocadas en los portales, con el cigarro en la boca, casi desnudas, con las espaldas redondas y lucientes como escudos de cobre, dejándose requebrar por los que pasan. Se ven, en fin, porción de negrillos por todas partes jugando a los *mates* y a los *guacalotes*, en cueros como sus madres los echaron al mundo.

Al volver de paseo, nos dirigimos a la Plaza de Armas, donde el gobernador da todas las noches enfrente de su palacio un concierto de música militar. Allí se reúne la población blanca de todas clases. Hermosos árboles, una fuente de saltadores, y los palacios del gobernador y del intendente circundan este grande espacio, formando de él un paseo encantador y enteramente aristocrático.

Las reuniones públicas tienen aquí un aspecto de buen gusto exclusivo del país; nada de chaqueta ni de gorra; nadie viste mal; los hombres van de frac, con corbata, chaleco y pantalones blancos; las mujeres con trajes de linón o de muselina. Estos vestidos blancos que respiran coquetería y elegancia, armonizan perfectamente con las bellezas del clima, y dan a estas reuniones el carácter de una fiesta.

Antes de volver a casa, fui a hacer una visita a mi tía, la condesa viuda de Montalvo. No conocía su casa, y me dejé conducir por mi *calesero*. Era de noche y a medida que nos acercábamos, y a pesar de la oscuridad, mil recuerdos confusos renacían en mi memoria, sin que me fuese posible detenerme en ninguno.

Paró el calesero y yo me bajé, pero apenas entré en el zaguán, el corazón me empezó a latir; me pareció reconocer aquella casa, y en efecto, no me quedó la menor duda. Yo la había habitado, yo había atravesado mil veces aquellas puertas, había jugado en aquellos escalones de mármol, había subido y bajado más de cien veces aquella escalera. Un día me caí de ella y me herí. Mama Águeda acudió, y me vendó la herida. No, no me engañaba; era la casa de mi padre. Todo estaba en el mismo sitio: allí era donde estaba mi cama cuando niña, más allá me parece estar viendo a mi negrilla Catalina acariciándome para dormirme, cantando o contándome por la centésima vez de qué modo la había engañado su madre para venderla a unos mercaderes blancos, cuánta había sido su alegría al reconocer a su hermano en el buque, las lágrimas que derramó cuando la vendieron sin su hermano; y entonces volvía a llorar, y yo en lugar de dormirme me sentaba en la cama y lloraba también. En aquella otra sala, detrás de aquel biombo chinesco, fue donde mi abuela le pegó un día con un látigo a la más pequeña de sus hijas, todavía niña y allí fue donde como una leona furiosa me arrojé yo sobre las negras que sujetaban la víctima, y las di de bocados hasta hacerles saltar sangre. Aquí, delante de esta mesa, era donde mi padre me ponía en sus rodillas, y me enseñaba su árbol genealógico. ¡Ah! ¿dónde está mi padre? Yo no hallo mas que un montón de piedras sin vida y un recuerdo eterno.

CARTA IV

Una ilusión. Melomanía de los negros. Aptitud de los habaneros para las artes. Los dos teatros.

Miércoles en la noche

He pasado toda la noche sola enfrente del mar, con el rostro al viento y la imaginación en el espacio. Estaba entregada a ese éxtasis doloroso del alma, a esa tristeza desanimadora, hija del conocimiento íntimo de nuestra debilidad, que nos conduce hacia Dios y nos obliga a consagrarle nuestros dolores, nuestras miserias y nuestros pensamientos. Preciosos instantes en que el alma se eleva tanto como el corazón se humilla, en que iluminada por un rayo de amor divino, ofrece a nuestros ojos el espectáculo de toda nuestra pequeñez y de toda nuestra impotencia. En estas reflexiones estaba yo sumergida, cuando una persona vino a cumplimentarme por mis talentos; una agonía melancólica traspasó entonces mi alma; tomé a Dios por testigo de mi falta de complicidad, y poseída de yo no sé qué amarga ironía contra mí misma, sentí que mis párpados se humedecían de llanto. ¡Extraña manera por cierto de responder a un cumplimiento!

Por la noche, como ha sucedido siempre desde mi llegada, he cantado algunas piezas ante una gran sociedad: y en verdad que no deja de ser meritoria mi condescendencia; porque el calor me incomoda mucho desde hace algunos días, pero ¿cómo rehusar tan pequeño sacrificio si a costa de él puedo causar a los demás un placer puro y verdadero? Aquí todas las organizaciones son musicales y poéticas. No lo dudarías si vieses a una turba de jóvenes citarse bajo las ventanas de mi tía a orilla del mar, dejar sus carruajes, y sentarse en sillas que han hecho traer expresamente, para escuchar unos sonidos inciertos que el aire lleva hasta ellos. ¡Si oyeses los versos, las improvisaciones y las coplas que se suceden con tanta facilidad como profusión! Por la mañana, si por casualidad hago algunos acordes en el piano, inmediatamente se ponen en movimiento todas las negras de la casa, y se colocan en los balcones, se asoman a las puertas, se ponen detrás y delante de mí, en todos lados y en todos partes. Dirás que es el auditorio más estúpido del mundo;

pero sin embargo no deja de hacerme un honor y sus gestos y sus puras demostraciones no se parecen a ningunas otras. Los negros aman con pasión y tienen canciones que cantan con una interesante sencillez; algunas veces me anuncian que un antiguo criado de la familia, esclavo de uno de mis parientes, desea hablarme y su deseo no es otro que pedirme el permiso de venir a oírme por la noche a la puerta de la calle.

Dos días hace que me despierta por la mañana el sonido de una voz fresca y juvenil, que canta un motivo de El Pirata. Es una linda mulata, esclava de mi prima Encarnación. Afinada, pura, y de grande extensión sería esta voz un tesoro para el teatro italiano y la piel color de cobre de la mulata una gran novedad al lado de las mejillas rosadas de las Persianis y de las Grisis.

Suelo también cantar y tocar el piano con una joven llena de alma y de talento, cuyo gusto exquisito y excelente método le han sido comunicados por su padre, uno de los hombres más distinguidos de la Habana, por su instrucción y por su nacimiento. Podría citarte un ejemplo de la aptitud natural de los habaneros para las artes. Don José Peñalver es un profesor distinguido; toca el piano y acompaña como Tadolim o Alari; compone perfectamente, improvisa y le ha enseñado el arte del canto a su hija tan bien como hubiera podido hacerlo uno de los mejores maestros en París; sin embargo, no ha tenido maestro; su talento es obra del estudio y de la inteligencia. El gusto de la música es tan general como en una ciudad de Italia: casi todas las óperas modernas son conocidas aquí; y las compañías italianas, que ajustan todos los años, están muy bien pagadas. Muchos jóvenes *fashionables* estimulan las empresas favorables al desenvolvimiento del arte, y en este número se distingue don Nicolás Peñalver, que por su brillante fortuna y por su noble entusiasmo merece ocupar el primer lugar entre ellos.

La Habana posee dos teatros, el de la Alameda, situado en medio de la ciudad a orillas del mar, y otro extramuros, que lleva el nombre de Tacón, por haber sido edificado durante el gobierno de este general. El primero, más antiguo y más pequeño, es sin embargo más favorable a la música; el segundo, casi tan grande como el de la grande ópera de París, es el que tienen ahora las compañías italianas, si bien durante la ausencia de éstas representan en él las compañías de declamación. Este teatro es rico y elegante a la vez; está pintado de blanco y oro; el telón y las decoraciones ofrecen un brillante punto de vista, a pesar de no estar muy bien observadas las reglas de la perspectiva. El patio está poblado de magníficos sillones, lo mismo que los palcos, en cuya delantera hay una ligera reja dorada que deja penetrar la vista de los curiosos hasta los pequeños pies de las espectadoras. El palco del gobernador es más grande, y está mejor adornado que el del rey en otras partes. Sólo los primeros teatros de las grandes capitales de Europa pueden igualar al de la Habana en la belleza de las decoraciones, en el lujo del alumbrado, y en la elegancia de los espectadores, que llevan todos guante amarillo y pantalón blanco. En Londres o en París se tomaría este teatro por un inmenso salón de gran tono.

CARTA V
De la sociedad habanera. Comerciantes y propietarios. La usura. Los monumentos de historia. El Templete. La ciudad vieja y la nueva. La rada. Siesta de una guarnición. Carácter habanero.

El domingo a las once de la noche

No hay pueblo en la Habana: no hay más que amos y esclavos. Los primeros se dividen en dos clases: la nobleza propietaria y la clase media comerciante. Ésta se compone en su mayor parte de catalanes que, llegados sin patrimonio a la isla, acaban por hacer grandes fortunas; comienzan a prosperar por su industria y economía, y acaban por apoderarse de los más hermosos patrimonios hereditarios, por el alto interés a que prestan su dinero.

Por muy considerables que sean las propiedades, los gastos inmensos que ocasiona la elaboración del azúcar, gastos que suben en un ingenio de trescientos negros a 600 u 800 mil reales al año, hacen necesario un anticipo de fondos que obliga al propietario a hacer empréstitos reembolsables a la recolección de cada cosecha. El comerciante, que es el único que puede capitalizar sus beneficios, hace préstamos considerables a un interés arbitrario, que asciende frecuentemente a dos y medio por ciento al mes. Como su renta establecida sobre tales bases es más segura que la del prestamista, cuyas cosechas están por otra parte expuestas a la variación de los precios, y dependen de la inconstancia de la temperatura y de mil accidentes imprevistos, sucede algunas veces que este último se halla en la imposibilidad de hacer sus pagos en las épocas del reembolso. El exorbitante interés dobla la deuda; el pago se hace primero difícil y después imposible, y el comerciante se encuentra en poco tiempo dueño de una cantidad igual al valor de la propiedad entera. Estos graves abusos no existirían si se fijase un interés legal. El diez o doce por ciento de interés al año no es en verdad obligatorio; pero el gobierno cierra los ojos a este despojo por interés, según dicen, de los propietarios. Estos últimos se encuentran muchas veces en la imposibilidad de subvenir a sus gastos; son pues dichosos, tal es la razón que se da, en encontrar este recurso, y en procurarse dinero a toda costa. No sé yo si semejante tolerancia hallará gracia ante los economistas, y si la aceptarán como una de las libertades sociales; más yo no puedo creer que un bien pueda nacer de una inmoralidad, y las consecuencias de estos préstamos prueban hasta la evidencia su peligro. Alentado por el abuso, el usurero suelta el freno a su codicia, y quebranta o destruye las fortunas; el prestamista usa a su vez del privilegio de no expropiación, y suele acabar por no satisfacer su deuda. El interés legal y el castigo de la usura por una parte, y por otra una ley de expropiación severa pero protectora, y formada en el interés de la conservación de fortuna, pondrían de acuerdo los derechos de la moral con la equidad, y contribuirían en mucho a la prosperidad pública.

Como sé, mi querido conde, lo que os agrada tender una mirada filosófica sobre los anales y el destino de los pueblos, estoy segura de interesaros dándoos al azar algunos detalles sobre este país apenas conocido en Europa, y que merece por más de un título la atención de los hombres de estado y de los observadores. Tenemos aquí más riquezas naturales que riquezas adquiridas a costa del trabajo y de la perseverancia. Faltan estímulos a nuestros conciudadanos y monumentos a nuestra historia.

Ya sabéis, mi querido conde, que los monumentos son una parte de los anales de los pueblos, símbolos de gloria y de poder y muchas veces de crueldad y de dolor. Cuba no tiene historia, no tiene escudo de armas; no tiene más que un árbol gigantesco y las cenizas de Colón; tal pensaba yo ayer al contemplar un templete cubierto de olas de polvo que hay en un rincón de la Plaza de Armas. En 1815, después que la ciudad de San Cristóbal de Cuba, hoy la Habana, fue devastada e incendiada por los filibusteros, se transportó la capital hacia el sur, cerca de la aldea de Batabanó; éste es el sitio que ocupa actualmente, y que se llamaba entonces Puerto de Carenas. Aquí está hoy la fortaleza de la Fuerza. La salubridad del terreno y la posición favorable para resguardar las embarcaciones de los vientos, justificaban esta nueva elección. Enseguida y a medida que la ciudad se fue extendiendo hacia el noroeste, se levantaron las fortificaciones del Morro y los bastiones en la costa del Sudoeste. Hoy sería bueno que se derribasen las murallas, y se diese derecho de ciudadanía a los deliciosos arrabales que se agrupan a su derredor. Estos arrabales, que son *Jesús del Monte, Jesús María y la Salud*, deberían formar parte de la ciudad. No sólo ganaría ésta en importancia, sino que el depósito general de mercancías, situado actualmente cerca del arsenal a una de las extremidades de la capital, vendría de esta manera a ocupar el centro mismo de ella.

La bahía de la Habana es una de las más hermosas del mundo; está formada por un inmenso estanque semicircular; que parece cavado en el seno de la tierra, y abraza la ciudad y las fortalezas con las olas serenas y azuladas. Más de mil buques de guerra caben en esta bahía, cuya estrecha entrada no da acceso a las corrientes tempestuosas, y no parece sino que la cólera del temible elemento se apacigua al tocar estas orillas encantadoras. Para dificultar todavía más el paso, se han sumergido dos buques, indicando el sitio donde están por medio de dos boyas flotantes. A un lado se eleva el castillo del Morro y al otro el fuerte de la Punta, guardianes avanzados e inexpugnables, coronados de cañones. El paso es tan estrecho, que los centinelas pueden hablarse desde un fuerte al otro; y si bien es verdad que los ingleses los tomaron en el último siglo, fue únicamente por sorpresa; fue como el ladrón que penetrase por una puerta de bronce entreabierta durante el sueño del portero.

Después de un bombardeo impotente de muchas semanas, los ingleses parecieron cansarse y renunciar a su empresa; pero no hicieron más que cambiar de medios de ataque. No habiendo conseguido nada por la fuerza, se valieron de la astucia. Sabían que a cierta hora del día la población entera se entregaba al reposo de la siesta; que hasta la guarnición, vigilante toda la noche, caía en un sueño profundo a la hora en que el sol lanzaba apenas sus rayos sobre la ciudad, y aguardaron. Llegado el momento, la escuadra inglesa se puso en movimiento, y entró majestuosamente en el puerto en medio de un hermoso día sin tirar un cañonazo y sin que nadie se despertase. ¿Habéis visto cosa más graciosa? Lo que es ahora la guarnición no duerme ya la siesta.

Vamos ahora al *Templete* con que se inauguró la nueva ciudad de San Cristóbal. Se celebró en 1815 una misa solemne a cielo abierto, no lejos de la orilla del mar, a la sombra de un árbol secular, de un *ceiba*, coloso de nuestros bosques; aquí fue donde luego se depositaron las cenizas de Cristóbal Colón antes de enterrarlas en la catedral, donde hoy reposan. Este árbol santo vivió en toda su lozanía hasta 1755, lo cual hace subir su existencia a tres siglos, sin contar el tiempo que precedió a la primera misa; pero todo es posible en esta tierra maravillosa.

En 1755 el ceiba comenzó a hacerse estéril, y creyendo que no podía servir más, lo arrancaron. Don Francisco Cajigal, gobernador de la Habana, hizo levantar allí mismo un obelisco, en el cual se grabaron las armas de la ciudad, y que se conserva todavía, aunque en mal estado, rodeado de una verja de hierro, en el mismo sitio que ocupaba en otro tiempo el árbol histórico. Para conservar la memoria del antiguo ceiba, se plantaron en 1827 tres árboles de la misma especie alrededor del obelisco, y como éste estaba muy descuidado, el gobernador don Francisco Dionisio Vives hizo construir en su lugar un templete, arrancando el último árbol que quedaba, y destronando de esta manera la dinastía de los ceibas. Al templete le ha sucedido lo mismo que al obelisco, lo han descuidado; se le ve relegado en un rincón de la Plaza de Armas, golpeado y desconchado continuamente por las mulas y las volantas que se vienen a agrupar en torno suyo durante el paseo.

La vista de los recuerdos, la fe de las reliquias faltan enteramente aquí. La pereza y la poesía de lo presente lo absorben todo, y si los habaneros se ocupan del porvenir, se ocupan de él solamente como de una dicha inmediata. Esta imprevisión se reproduce frecuentemente en la falta de orden y de conservación de los caudales. El millonario rara vez guarda la más mínima parte de sus rentas; cuando es buena la cosecha, gasta todo el producto al año siguiente. Si la azúcar no se vende está apurado, es verdad, pero su boato es el mismo. El lujo, el desorden, y sobre todo el juego, se tragan los patrimonios, y las eventualidades desgraciadas del comercio se agravan infinitamente con semejante imprudencia. Estas tristes verdades las conocen todos los hombres entendidos del país. Acostumbrado a no vivir sino en el momento presente, dotado de un alma ardiente y de un entendimiento vivo, el habanero es capaz de comprenderlo todo, y de elevarse a veces hasta el heroísmo. Bajo la influencia magnética de los tiernos afectos que le rodean, su corazón está siempre abierto a una generosa simpatía: una bella acción le conmueve y le inflama; un proyecto útil a su país le entusiasma, y con la generosidad de su carácter dará mil veces su fortuna y su vida por un amigo suyo, o por su patria. Pero arrancadle a esta influencia, hacedlo salir de este círculo mágico, la pereza y la negligencia enervan su voluntad. Así como la sangre concentrada por el ardor de la atmósfera huye la superficie de su piel y refugiándose en el fondo de sus venas le da esa palidez innata y característica de los habitantes de los Trópicos, así también su voluntad debilitada por el olvido y por su indiferencia, no se vuelve a despertar en él sino en fuerza de grandes pasiones, o de grandes necesidades.

CARTA VI

Los guajiros

Las gentes del campo, llamadas aquí *guajiros o monteros*, tienen un carácter excéntrico que los distingue de las de los demás países. Aficionados al canto, dados a los placeres y a las aventuras, reparten su vida entre el amor y las proezas caballerescas, y hubieran podido figurar en la corte de Francisco I tan bien como en estas cabañas primitivas, si su pasión indomable por la independencia no les hubiera destinado antes a la vida salvaje que al yugo de la civilización Su vida material, sencilla y rústica está muy de acuerdo con su vida poética, y esta amalgama es justamente la que da a su acción un carácter romancesco y original.

Los oficios y los trabajos sujetos a salario son ejercidos por los españoles, o por los canarios que vienen a hacer fortuna a toda costa, y que criados en países civilizados han aprendido desde temprano a plegarse al yugo de las necesidades humanas, y a hacer duras concesiones a la ambición y a la codicia.

Pero los criollos, es decir, los naturales de la isla, rara vez se someten a una ocupación dependiente, excepto la de nuestro ingenio. Tienen una fiereza producida por el ardor del sol que los calienta, y por la riqueza del suelo que los sostiene; y el criollo que habita la ciudad se dedica a alguna industria que ejerce, como si fuera por afición, bailando, cantando y haciendo versos.

En los campesinos se notaba la misma diferencia entre el español y el criollo; el primero se hace mayoral, mayordomo, o se dedica a otras ocupaciones asalariadas; pero el guajiro prefiere vivir con poco con tal de vivir con libertad. Este último conserva algunas de las inclinaciones de la antigua raza india; planta sus *penates* en el sitio que más le agrada, como el pájaro su nido en los árboles, y su habitación está todavía modelada por la cabaña primitiva de los indígenas. Ocho árboles de igual altura clavados en la tierra, y formando un cuadrado perfecto, sustentan por su extremidad una especie de red de bambúes que colocados transversalmente, crecen y son atados a los árboles con lianas o enredaderas. El techo se cubre con hoja de palmera, y se llama *guano*.

Para este primer trabajo, que dura lo más un día, llaman para que los ayuden a sus vecinos, y no bien acabado, asan un lechón en medio de la nueva casa, y se lo comen en medio de una alegría infinita. Después forman por medio de tabiques tres habitaciones iguales: la del medio es la sala, en las otras dos duerme la familia. Los tabiques, formados lo mismo que el techo de cañas atadas transversalmente, se cubren de corteza de palmera, que destinada a este uso toma el nombre de *yagua*. La casa se concluye en dos o tres días. La claridad no penetra en ella sino por dos puertas paralelas la una a la otra para que entre el aire. Estas puertas son también de *yagua*, y no están unidas al edificio sino por la parte superior, de manera que se abren perpendicularmente, y permanecen suspendidas por medio de una vara de hierro que las sostiene en el aire durante el día. Por la noche la vara sirve para atrancar la puerta. Enfrente de la casa se levanta otra cabaña construida con los mismos materiales, pero más pequeña y de dos solos departamentos; el uno sirve de perrera y de caballeriza durante las lluvias, y el otro de cocina; ni el uno ni el otro están cerrados por ninguna parte; una pared medianera los sostiene a los dos, y los preserva del viento; lo demás está al descubierto, y resguardado del sol por el *guano*.

En el fondo de la cocina, y puestas junto a la pared, están colocadas tres enormes piedras que sirven de hornillas; encima una olla, y alrededor del fuego bananas, boniatos y papas en profusión. Sillas, tazas, ollas de barro, perros, pájaros, avecillas, la batea para enjabonar, pollos, nidos de pájaros llenos de huevos que penden de los bambúes, gente echada en la mesa o en el suelo, todo cubierto de ceniza por el viento que entra, y guardado por un terrible mastín que gruñe y enseña sus dientes en cuanto vuela o se cae una hoja. Para completar la riqueza de la posesión hay que añadir un jardín de una o dos *caballerías* de tierra (medida del país) que rodea la habitación, y en donde se encuentran mezcladas legumbres de toda especie, y magníficos árboles cargados de fruta de un tamaño y de un peso tan prodigioso, que amenazarían a los que pasan por debajo si las obras de Dios no fuesen tan completas.

Allí crecen a la vez la *papaya* y el *plátano*, con cuyas anchas hojas podrían hacerse magníficas batas; el *alcanforero* y el árbol del pan, cuyo fruto bastaría para alimentar a un regimiento en tiempo de hambre; la olorosa *vainilla*, el árbol que destila la goma elástica, y millares de *cactus* en flor enlazados graciosamente en todas direcciones con plantas colgantes, que uniéndose desde los árboles a los techos de las cabañas, neutralizan el brillo del sol que las ilumina.

Los establecimientos de los guajiros suelen no durar mucho: frecuentemente abandonan el lugar que habitan, y transportan sus *penates* a otra parte. Construyen su habitación en cuatro días, y siembran enseguida las legumbres; las demás bellezas de la naturaleza las encuentran en todas partes donde el sol alumbra.

El guajiro por lo regular se apodera del primer pedazo de tierra que le agrada y que no pertenece a nadie; pero si prefiere alguno que tiene dueño, entonces hace una escritura con condiciones parecidas a las que estipulan entre sí en Europa con el dueño del terreno. Esto sucede raras veces, y es siempre a precios muy bajos, y en plazos muy cortos. Generalmente prefiere trabajar por su cuenta en el terreno que mejor le conviene.

Su cosecha es siempre más abundante de lo que necesita para mantenerse. La tierra no necesita aquí de un cultivo esmerado, ni de abono. Para producir muchas cosechas al año bastan algunos días de arado, y esparcir sobre ella unos cuantos puñados de grano.

Las legumbres se dan a los quince días; la *maloja* nace a las cuarenta y ocho horas, y de este modo se suceden las recolecciones hasta diez o doce al año sin que exijan otro cuidado que el trabajo de recolectarlas. Este último fruto produce un premio anual de 30 o 40 por ciento. Una *caballería* de tierra representa un capital de tres mil duros de renta. Las bestias en Cuba se alimentan de maloja y de grano de maíz. Como el cultivo en grande absorbe la atención de los ricos propietarios, no siembran éstos forrajes en sus tierras, excepto alguna vez el maíz, de modo que sus cuadras son abastecidas por la maloja del guajiro.

En el interior de la casa el marido engorda dos cerdos por año, y cuida de las legumbres; la mujer, más laboriosa, educa a los hijos y atiende a las demás necesidades con el producto de los sombreros de paja y de las cuerdas de *majagua*, de cuyo trabajo hacen ella y sus hijas su ocupación exclusiva. Lo que no hace es descender jamás a las humildes faenas de la casa, y cualquiera que sea la medianía de la fortuna, tiene siempre una esclava.

Nuestras campesinas son delicadas, y cuidan mucho de su adorno; están siempre vestidas de blanco, y llevan flores naturales en la cabeza; ejercen una grande influencia sobre sus maridos, cuyas atenciones y buenas maneras podrían servir de modelo a nuestros elegantes, no siendo raro ver a estos hombres acompañar a sus mujeres a la iglesia, llevando el tapete que ponen en el suelo para arrodillarse.

Verdad es que un guajiro no se casa nunca sino poseído de un amor desenfrenado, y que no obtiene la recompensa de su amada sino después de muchas pruebas de constancia; por lo demás, como su labor le da tan poco trabajo, pasa en gran parte su vida entre el amor y el placer. Confiado en la prodigalidad de una naturaleza espléndida, y seguro de hallar en todas partes mieses y frutas en gran abundancia, la pereza, la voluptuosidad y el amor de la independencia se apoderan de su alma, y ponen un sello en todas las acciones de su vida; gusta mucho de lujo en su persona; pasa las mañanas en los reñideros de gallos y las noches en el baile o cantando a la guitarra enfrente de la estancia de su querida; es poeta y valiente a la vez, y si alguna vez acontece que estando él cantando o echando requiebros aparece por allí su rival se bate con él, y le da o recibe un machetazo, en honor de la que ama. En cualquiera de estos casos escapa con su fogoso caballo por los cañaverales, y si está herido su primer cuidado es hacerse curar, a fin de poder hacer lo mismo al día siguiente en que vuelve también a caballo, porque ¿qué diría su amada si le viese llegar a pie y con un vestido desaliñado? Le desdeñaría como a un miserable, y le reemplazaría con otro en la primera ocasión que se le presentase.

Al momento que empieza a amanecer se arma el guajiro de su machete y de su espuela, y apresta el caballo. Le pone la brida, que es una cuerda adornada en todo su largo con flecos de lana de color, y un frontil con los mismos adornos; después le peina las crines, le pasa muchas veces la mano por el cuello, y le regala con un buen terrón de azúcar, mientras que el fiero animal relincha y bate la tierra con sus pies, orgulloso al mirar el sol y al sentir las caricias de su amo; enseguida salta sobre el corcel, le da un silbido, le suelta la brida y lo lanza en los bosques. Un sombrero de paja de anchas alas, rodeado de un pañuelo de seda, un pantalón blanco con la camisa por encima de él para sentir más el fresco, el cuello de ésta doblado, abierto y caído sobre los hombros y alrededor un pañuelo de color, apenas sujeto y con los picos flotantes; elegantes zapatos de tafilete de color guarnecidos de espuelas de plata, cuyos lazos de seda han sido bordados por la mujer o por su querida; a un lado del rico cinturón, regalo también de su amor, pendiente el machete con puño de plata incrustado de pedrería, y asomando en el otro lado el cabo de ébano de su puñal; tal es el traje del guajiro. Añádase a esto que cuando va a algún negocio lleva un saco pendiente de su espalda, y cuando va a alguna excursión amorosa coloca la guitarra y el quitasol detrás de la silla de un caballo.

Una vez en camino el guajiro va de ingenio en ingenio, de cafetal en cafetal; vende sus frutos, cobra sus fondos, y vuelve a comer con su familia un excelente ajiaco acompañado de bananas fritas y de otras legumbres; acabada la comida le traen una baraja y granos de maíz que sirven de fichas, y juega con sus compañeros y vecinos, saboreando mientras la partida deliciosos cigarros elaborados por su mujer, por su hija o por su querida.

Cuando se cansa de jugar monta otra vez en su caballo, y se dirige, acompañado de sus dulces pensamientos iluminados por los últimos rayos del sol, a la puerta de su guajira, la cual vestida de blanco y con una flor negligentemente colocada sobre su oreja, le acecha, le mira y le sonríe desde lejos.

Lo que más quiere el guajiro después de su amada es su caballo y su machete. El uno es el alma de su vida vagabunda, el que le conduce al baile, a los reñideros de gallos y a las citas de amor. El machete es además de un objeto de lujo, un arma indispensable para su defensa porque el guajiro riñe frecuentemente en singular combate con sus rivales al salir del baile, con los ladrones y con las jaurías de perros que encuentra en el patio de la casa de su amada.

El baile de los guajiros es sencillo y ardiente como su vida. Dos personas, hombre y mujer, principian este baile, que consiste en un paso sencillo marcado enérgicamente de tiempo en tiempo por patadas en el suelo que llevan el compás de la música, que es también muy sencilla, y que carece del acorde mayor y del acorde relativo. ¡Pero cuánta pasión en los ojos y en las actitudes del guajiro! ¡Cuán agradable sencillez en la postura de la guajira! Sus manos sostienen ligeramente por ambos lados los pliegues de su vestido echándolo hacia adelante a la manera de flores tímidas que cierran sus pétalos al calor del sol. El guajiro con los dos brazos atrás, con la muñeca izquierda agarrada con los dedos de la mano derecha, con los ojos vivos y la actitud fiera, se adelanta hacia la mujer, que se va retirando al mismo tiempo, hasta que al fin la alcanza; entonces finge retirarse, y es perseguido a su vez por su compañera hasta que al fin se juntan, y el baile toma un carácter delirante que dura hasta su conclusión. Los bailarines no se detienen nunca hasta que los espectadores observan su cansancio, y son reemplazados por otros; pero los primeros no dejan de bailar sino uno después de otro a compás y sin que la música cese. Por lo general el hombre es reemplazado muchas veces antes que la mujer. He aquí una anécdota que yo he oído a mi tío y que le fue contada por el mismo héroe de la aventura que era un *sitiero* vecino suyo. Os la voy a contar del mismo modo que a mí me la han contado y ella os dará una idea de la importancia del machete en la vida aventurera de los guajiros.

José María era un guajiro que, como todos los de su especie, pasaba su vida entre las riñas de gallos y sus queridas. No que tuviese muchas queridas a la vez; el guajiro es demasiado apasionado para cometer tal felonía; pero admira siempre al bello sexo, y aunque no ame más que a una, las corteja a todas, y se hace el terror de los padres y de los maridos. El guajiro no vive sino de amor y de música; su carácter es dulce y alegre, su alma generosa en la amistad sincera y entusiasta en el amor. Su memoria es tan prodigiosa que, además de los versos que él mismo compone, sabe tantas coplas y tantas décimas, que si se pusiese a entonarlas una tras otra, se estaría cantando cien años seguidos.

Para hacer una declaración de amor el guajiro lía una sortija en alguna décima, y hace de manera que su querida se la encuentre bajo la almohada. Si la joven aparece por la mañana con la sortija en el dedo, el amante se cree correspondido, y desde entonces se ocupa exclusivamente de ella y pasa muchas noches cantando bajo su ventana hasta que ella baja a abrirle la puerta. Es necesario, sin embargo, advertir que a veces se lleva cantando noches y noches sin conseguir ni este pequeño favor. Era una noche hermosa y serena; la luna iluminando un cielo azul muy oscuro, parecía comenzar a ocultarse tras los bosques que coronan las alturas de la Vigía, y se la veía agrandarse insensiblemente al través de los grupos espesos de palmeras que, como inmensas columnas, se elevaban a lo lejos entre las sombras de la noche.

Apoyado negligentemente contra uno de los arboles que sostenían su cabaña, José María parecía contemplar la marcha silenciosa de los astros. Estaba ya preparado para salir con el machete en la cintura, y las espuelas puestas; su caballo *Moro* enteramente arreado y atado a un poste, no esperaba más que una señal para tomar el galope; pero el amo continuaba inmóvil con los ojos fijos en la luna. Así estuvo mucho tiempo hasta que al fin se dirigió repentinamente hacia Moro, saltó en él, dio el silbido y desapareció.

En lugar de tomar el camino derecho que conduce desde San Diego a Bahía Honda, no parecía sino que el guajiro no trataba de prolongar su camino, internándose en un laberinto de sendas apenas practicadas que serpenteaban entre los bejucos y las palmeras que cubren los montes agrestes de *Peñablanca* y el *Brujo*. Al cabo de una media hora volvió a la llanura, se detuvo en la orilla del río que corre al pie del monte, y allí volvió a permanecer mucho tiempo contemplativo.

Era demasiado temprano. El deseo y la impaciencia de ver a su querida lo habían engañado; la luna, que por estar oculta detrás de la montaña, le había parecido próxima a desaparecer, estaba todavía muy alta en el horizonte; ¿qué hacer, pues? Si llegaba antes de la cita, se exponía a ser descubierto, aunque se escondiese entre los bambúes que rodeaban la casa de Marianita, y por otra parte estaba seguro de que ésta no saldría hasta la hora convenida, porque ella también conocería en los astros la hora que era. "¿Cómo he podido engañarme?", exclamaba el guajiro en su impaciencia. ¡Los gallos de la Merced, de San Ignacio y de la Candelaria, todos los gallos del mundo han cantado ya dos veces; y la luna no se mueve del cielo! ¡y nadie aparece todavía en el campo! ¡voto a Dios! y olvidando que había soltado las riendas de su caballo, pegó un puñetazo terrible al arzón de la silla. Espantado y lleno de ardor el caballo escapó con la velocidad del rayo. José María fuera de sí, con el cuerpo echado hacia adelante, agarrando las crines con las manos crispadas de cólera, le metió las espuelas sin acordarse de que la sangre del pobre Moro corría y manchaba los lazos de las espuelas, regalo que le había hecho su querida. El animal herido y furioso ni sentía el freno ni escuchaba la voz, y acostumbrado como estaba a los paseos nocturnos, en lugar de tomar el camino de la casa del guajiro, lo puso a los pocos minutos a corta distancia de la estancia de Marianita.

Allí se empeñó una lucha terrible entre el caballo y el jinete; el uno quería seguir, el otro quería pararse, y la cólera del guajiro no tenía ya límites. Se le había perdido el sombrero de paja y la bolsa llena de cigarros y de coplas a su querida. Por fin, echó mano a las riendas, y dando un grito terrible que resonó en la montaña, detuvo al caballo que se paró temblando de miedo. Entonces el guajiro quiso vengarse, a pesar de la docilidad de que Moro acababa de dar una prueba en cuanto su amo se apoderó de las riendas, y bajándose y tirando de su machete, iba ya a descargarlo sobre el cuello del animal. José María quería a su caballo tal vez más que a Marianita; lo había criado, y estaba orgulloso de su hermosura. Le encantaban la ligereza de sus miembros y el aire orgulloso de su cabeza, y jamas había visto animal dotado de tanto instinto, ni de tanto valor. Una vez montado en él, José María no tenía miedo a ladrones ni a la justicia y la velocidad de su carrera le había salvado muchas veces de las emboscadas de sus rivales. Su pasión por aquel noble animal llegaba hasta el delirio, y Moro le correspondía por su parte. Cuando su amo bajaba al amanecer a la pradera y lo desataba para llevarlo a beber, la alegría del animal se manifestaba de mil maneras; relinchaba, piafaba y se ponía de rodillas para lamer los pies de su amo. José María le echaba los brazos al cuello; lo besaba en la frente como a un niño; le pasaba la mano por el cuello; lo montaba en pelo y lo llevaba al río. Todos estos recuerdos se presentaron a la imaginación del guajiro cuando la punta de su machete iba ya a penetrar en el pecho de Moro, el cual con la cabeza levantada y las orejas tiesas, fijaba en él sus ojos brillantes, y parecía esperar el golpe mortal con valor y resignación.

El machete cayó al suelo, y el guajiro apoyando el codo en la silla y poniéndose la mano en la frente, con el pecho oprimido y la voz conmovida: "Perdóname Moro mío, exclamó, como si el caballo hubiera podido entenderle; estoy fuera de mí; ella tiene la culpa. ¡Matarte yo a ti, que eres el compañero de mis penas y de mis correrías solitarias! ¡Primero mataría a esa ingrata! Paciencia, Moro mío, ya verás cómo, cuando seas viejo, te doy libertad y descanso". Así hablaba José María a su caballo mientras recogió del suelo su bolsa, sus cigarros, sus versos y su sombrero de paja.

Entre tanto comenzaban a palidecer las estrellas con los primeros rayos del día; la luna había desaparecido, y las palmeras de la montaña se destacaban sobre un horizonte luminoso. El paso del caballo resonaba a lo lejos en medio del silencio letárgico de los campos y José María caminaba lentamente por un camino ceñido por un lado de pinos que crecían a la orilla del río, y por el otro de las paredes de un cementerio.

Su valor famoso entre los valientes no le había abandonado, pero su corazón latía con violencia al acercarse al lugar que habitaba su querida. Al poco espacio el río daba una vuelta repentina; el camino seguía entre dos rocas, y desde allí se alcanzaba ya a ver a lo lejos la casa de don Antonio Morella, padre de Marianita.

José tiró de la rienda al caballo, y éste se paró. Las miradas del guajiro se fijaron un instante en las casas de la aldea, que apenas podía distinguir al través de los árboles; pero bien pronto volvió a ponerse en camino, y no tardó en distinguir claramente las blancas paredes que encerraban su tesoro. A lo lejos se veía una cruz negra... era la que coronaba la casa de Marianita.

Después de haber atravesado el plantío de naranjos que separaba la casa del camino, José María se bajó, sin hacer ruido, del caballo y atándolo a un árbol, echándose el sombrero a un lado, sacando su maleta hasta la mitad, y apoyándose sobre un naranjo, se entregó a todo el delirio de su amor y esperanza. A cada instante se le figuraba ver aparecer a su hermosa entre los altos pimenteros que le separaban de ella, y caer como una paloma entre sus brazos.

Pero la casa seguía en el más profundo silencio, y la pared en que estaba clavada la cruz negra parecía una piedra sepulcral más bien que una morada de vida y amor.

El montero, inmóvil e impaciente, lanzaba continuas miradas por debajo del ala de su sombrero, como si quisiese penetrar hasta el sitio en que reposaba su querida. Su temor de ser descubierto antes de ver a Marianita era tal, que ni siquiera se defendía de las picaduras de unas abejas que tenían allí cerca la colmena, dándoles su sangre de buen grado, a trueque de acallar su zumbido, y de escuchar un sonido, un suspiro que saliese por la ventana de su querida.

Cuatro días antes de esta cita José María se había batido con su rival al salir del baile. Marianita lo sabía, y su amante no dudada que arrostraría todos los peligros por venir a verle y calmar sus propios temores.

Pero se adelantaba la hora, y Marianita no daba señal de vida. ¿Sería que su padre había descubierto la cita, o que la misma inquietud por la suerte de su amante habría acabado por sumirla en un sueño profundo? ¿Sería tal vez que hubiese olvidado el día y la hora convenidos ... ?

—Cantaré —dijo el guajiro—: ella se despertará; y si no, saldrá alguien, y me batiré con él. A lo menos no podrá decir que he faltado a mi palabra. Sí; cantaré con toda mi voz, aunque se despierte toda la aldea, para que sepa que sé amar mejor que ella. ¡Ingrata! Y mañana tendrá valor de decirme: ¡Pepe, si me dormí!

A este punto sonó el canto de un gallo, y respondieron todos los gallos de los alrededores. El día iba a nacer.

Recostado contra el naranjo, y con la mano derecha puesta en el puño de su machete, el guajiro entonó con voz dulce y armoniosa la décima siguiente:

> Muriéndome estoy de frío
> junto a un naranjo sombroso,
> mientras mi dueño amoroso
> duerme, duerme a su albedrío.
> A la inclemencia, al rocío,
> al sol, al agua y al viento
> paso un millar de tormentos...
> Para mis males ni un hora
> del más mínimo contento.

¡*Contento*! repitieron los ecos, y latió el corazón de Marianita. Recostóse ésta en el lecho, y alargando el brazo a la tarima en que dormía su negra, hizo por despertarla, diciendo: ¡Francisca, Francisca! Pepe está ahí; el pobrecito se estará muriendo de frío.

La voz se volvió a hacer oír:

> Pues que no hay ocasión
> para que hablemos aquí,
> donde me temes a mí
> y temes mi corazón;

—No, no —exclamó la joven saltando del lecho—; yo no te temo, Pepe mío; a quien temo es a mi padre que tiene el sueño tan ligero como el vuelo de un pájaro.

Y el canto continuó:

> Digo, no tienes razón
> para de mi fe dudar:
> En casa, en el platanar
> tú serás mi Dios, mi encanto;
> y juro por lo más santo
> que nada te ha de faltar.

—Sí —replicó la joven como herida de un triste recuerdo—. Siempre las mismas promesas, y luego... Francisca, Francisca, acábate de despertar; levántate; ¿no oyes cómo se queja de mí José María? ¿Qué haré, Dios mío? Dime, negrita, dímelo.
—Yo apenas lo he oído.
—Ya, ¡si parece que no has despertado todavía! Vamos, levántate, y ve a mirar por las rendijas de yagua a ver si le ves; anda pronto, diablillo.
—Jesús María, niña —dijo la negra— hace un frío...
—¿Qué estás diciendo? levántate —le respondió su ama sacudiéndole la cabeza contra la almohada.
—¡Por la virgen santísima, niña! Su merced me va a matar,
—No grites, no grites que vas a despertar a papá; anda a mirar por la rendija.

La negra se levantó, y se puso a mirar por donde le habían dicho, mientras que su ama, con las manos apoyadas en su espalda, le preguntaba:
—¿Ves algo?
—Ni siquiera las hojas del plátano.
—¿Estás ciega?
—No, niña. ¿Por qué su merced misma no mira?
—Porque tengo miedo.
—Pues yo no veo a nadie.
—Te engañas; yo le he oído.

Y haciendo a un lado la negra, Marianita se puso a mirar por la rendija.
—Allí está el pobrecito embozado en su capa —exclamó muy alegre—, y también está Moro. Francisca tráeme un *cocuyo* [2] para hacerle la seña.

Marianita tomó el cocuyo; sacó el brazo fuera de la puerta, y agitó el insecto que brilló en el espacio como un fuego fatuo. Su amante la comprendió, y echó a correr hacia allá; pero ¡oh fatalidad! apenas se había acercado a la casa, cuando un perro enorme se lanzó sobre él y lo echó al suelo. José María se levantó al instante; tiró de su machete lo descargó sobre el perro y lo partió por la mitad. Al ruido se pusieron a ladrar todos los perros de la vecindad; se levantaron y salieron los negros; Marianita se desmayó en los brazos de su negra, y las puertas de

---

[2] Insecto de Indias que da luz de noche como la luciérnaga.

la casa se abrieron con estrépito, pero José María había desaparecido ya en su caballo.

Espero poderos dar en breve la continuación de la historia de José María. Después de sus queridas y de sus caballos, lo que ocupa más exclusivamente al guajiro, son los gallos y los perros. La belleza de los primeros y la esperanza de verlos un día vencer a sus rivales en la lucha, le llenan de orgullo como si fuesen sus compañeros; y cuando tiene su gallo favorito en las manos; cuando le abre el pico para ver si su lengua es rosada; cuando prueba la fuerza de los espolones en sus propias manos, es necesario ver su sonrisa de triunfo para convencerse de la importancia que da a esta diversión. El guajiro os cuenta la genealogía de su gallo, la pureza de su sangre, las proezas de sus abuelos, su educación, y la certidumbre que tiene de que aquel animal ha de vencer a su contrario. Enseguida monta a caballo con todo el ardor del sol, con su quitasol en una mano y su gallo en la otra, y se marcha alegremente a la pelea, que suele ser a cuatro o cinco leguas de distancia.

El hombre salvaje tiene frecuentemente por auxiliar a la raza canina; porque allí es donde la ley es la fuerza; el perro es un salvaguardia, no sólo contra la ferocidad de los animales, sino también contra los ataques de los hombres. En el interior de la isla de Cuba se encuentran manadas de mastines aguerridos y temibles. Los americanos han hecho el ensayo enviando a las Floridas un gran número de estos animales regimentados. ¿No os parece esto cobarde y bárbaro al mismo tiempo? En un pueblo organizado en sociedad, para quien la guerra tiene sus leyes prescritas por la humanidad, ésta sería la mayor de las infamias; pero el guajiro se hace seguir de su traílla a los desiertos para defenderse, y libra en ella su propia vida. He aquí un rasgo de que yo misma he sido testigo en mi viaje a San Marcos.

Teníamos proyectado mis primas y yo un paseo por la tarde. El tiempo estaba hermoso, y habíamos enviado por la mañana una porción de negros para que con ramas de árboles y hojas de palmera nos formasen un vado en el río; el cual, como la mayor parte de los de la isla, no tiene puente ni siquiera nombre, y tiene también de común con los demás el pasar repentinamente de su estado natural a crecidas considerables. Generalmente es vadeable, y sus ondas se asemejan a un espejo; pero algunas horas de tempestad bastan para convertir sus corrientes en torrentes impetuosos, que arrastran consigo los árboles y aun las piedras; verdad es que cada gota de lluvia bastaría en este país para llenar medio vaso de agua. Al acercarnos al río oímos un ruido extraño, y bien pronto vimos que acababa de salir de madre, a causa sin duda de alguna tormenta que acababa de descargar en las montañas. Los despojos de nuestro puente sobrenadaban aquí y allí en medio de las aguas furiosas, cuya desbordada corriente arrastraba cuanto se le ponía delante.

No es necesario deciros que renunciamos a nuestro proyecto; y ya estábamos tratando de dar otra dirección a nuestro paseo, cuando vimos en la orilla opuesta un guajiro montado en una mula y seguido de cuatro perros que se disponía a vadear el río. Viéndolo sin embargo tan crecido, se paró; midió con sus ojos la distancia que lo separaba de la otra orilla, y bajando la cabeza, pareció vacilar.

El guajiro llevaba, según costumbre de todos ellos, su machete, su puñal de puño de ébano y un látigo enorme en la mano. Su sombrero de ala ancha y un poco echado hacia adelante nos había impedido distinguir sus facciones, cuando una de mis primas, joven muy aturdida, le gritó reconociéndole:

—¿Don Francisco, tiene usted miedo?

El guajiro alzó los ojos sin responder, y metiéndole las espuelas a la mula, se arrojó en el río seguido de sus perros. Durante algunos minutos estuvo luchando con la corriente y animando con agudos gritos a la mula. Al fin llegó, no sin trabajo, a la orilla con tres de sus perros; el otro había sido arrebatado por la corriente.

Don Francisco a pie ya y apoyado en el cuello de su mula, estuvo contemplando algunos instantes la dirección que seguía el animal; pero apenas cesó de verlo, cuando tirando el sombrero, el machete y el látigo, dio un salto y se arrojó al río. En un segundo desapareció bajo el agua, y sólo se vio un ligero remolino en la superficie: luego no se oyó más que el ímpetu de la corriente, el ruido de las hojas pisadas por la mula que pacía en libertad, y el jolgorio de los perros que se revolcaban para enjugarse en la arena.

A nuestros gritos vinieron una porción de hombres que estaban trabajando en el campo; pero no tardamos en ver aparecer sobre el agua la mitad del cuerpo del perro, arrastrando consigo un montón de lianas, de cañas y de ramas, de las cuales le impedía desembarazarse un obstáculo invisible que paralizaba sus movimientos.

Pero el instinto de la conservación aumentaba las fuerzas del. animal, y luchó y reluchó, hasta que vimos salir por encima del agua la mano de su dueño que se agarraba a él en las convulsiones de la agonía. Apenas lo vieron, cuando un negro, cuyos miembros y cuyos movimientos anunciaban la agilidad y la fuerza, se arrojó también al agua, y bien pronto lo vimos aparecer soplando como una ballena, y trayendo consigo al guajiro y al perro.

Ya veis, pues, que el guajiro o montero de Cuba tiene los mismos instintos y el mismo valor que los africanos, suavizados por todo lo que hay de dulce o de tierno en el carácter criollo. Se encuentra en ellos el ardor entusiasta y la galantería caballeresca de los africanos; pero modificadas estas cualidades por esta indolente alegría, esta dulzura de costumbres y de temperamento que la hermosura del clima, unida a la prodigalidad de la naturaleza, inspira a los habitantes de la tierra de promisión.

CARTA VII

La vida en la Habana. Escena nocturna. La muerte. El lujo de los entierros. Los negros de duelo. El cementerio. El obispo Espada. La misa. La Catedral. Ensayo de arquitectura indígena. La virgen. Sepulcro de Cristóbal Colón. Santa Elena y Cuba.

Habana, 16 de junio

Era hermosa la noche, y los rayos de la luna, penetrando al través de los hierros de mi ventana, esparcían su dulce claridad sobre las flores de mi mosquitero, y venían a morir en plateados reflejos sobre la ropa de mi cama. El cielo poblado de estrellas se reflejaba en la superficie del mar, que llenaba el espacio de centellas fosfóricas y fugitivas que brillaban y se apagaban sucesivamente al soplo de la brisa. Todo era grandeza, silencio y deleite de la naturaleza.

Aunque cansada del paseo, al contemplar este espectáculo, no podía yo trocar la vigilia por el sueño, la vida por la muerte.

–No –me decía yo a mí misma–, la vida no es tan miserable como pretenden ciertas almas soberbias y descontentadizas. La perspectiva del cielo, la hermosura de la naturaleza, la luz, la paz interior, estos bienes que están al alcance de todos, son elementos sublimes de dicha para el hombre. Estos dones magníficos y los placeres que resultan de la salud, de la fuerza, del uso de nuestras facultades, ¿no son objetos de eterno reconocimiento hacia la Providencia?

Mientras hacía estas reflexiones, mis ojos distinguían al través del mosquitero y a la claridad de la luna grandes festones de pitas y de lianas pendientes del techo de la casa vecina, y enredadas en los hierros de los balcones. Aquellas plantas y aquel balcón me recordaron naturalmente una joven encantadora que veía todas las tardes recostada en su butaca, mientras que una negra sentada allí junto le tenía los pies entre sus manos para que no tocasen al suelo.

Dos *tomeguines* atados con un hilo daban vueltas al balcón y recogían cantando los granos de trigo que les daba la joven. Era ésta bastante hermosa y extremadamente delgada. Su delicada tez era pálida y transparente; y aunque en un estado habitual de languidez, tenía movimientos de grande alegría que hacían brillar sus negros y hundidos ojos con un resplandor extraordinario. Entonces tomaba entre las manos la cabeza de la negra, jugaba con ella y le daba suaves palmadas en la cara, hasta que cansada y desvanecida, se volvía a echar en la espalda de su butaca y jugaba maquinalmente con las cuentas de marfil de un rosario que llevaba al cuello la esclava, la cual por su parte, inquieta y observando sus más mínimos movimientos, parecía no vivir sino de la vida de su ama.

Yo no sé qué atractivo me hacía ponerme detrás de mi persiana a la hora que aquella joven se sentaba al balcón. La amaba yo porque era bonita; la amaba todavía más porque padecía, y estaba siempre temiendo no volverla a encontrar allí día siguiente.

¿No os ha sucedido a vos, amigo mío, sentir una inquietud secreta y sin motivo que se parece al miedo? Es más que un presentimiento, es el presagio cierto e inmediato de una desgracia. Hacía ya muchos días que la joven no se ponía al balcón. Esta noche, como siempre, su balcón y sus ventanas estaban abiertas, y sin embargo de reinar en la ciudad una calma profunda, me figuraba percibir desde el fondo de mi lecho una agitación lejana, que parecía salir del interior de la casa.

Se adelantaba la noche, y la brisa comenzaba a refrescar y a derramar su encanto en mis sentidos; y estaba yo ya dormida, cuando me despertaron unos gritos como no recuerdo haberlos oído jamás... ¡Era el dolor, era la desesperación africana ... ! Una voz ronca e interrumpida repetía sin cesar: *¡Mi amo, mi amo, niña de mi corazón!* –¿Será la negra que le estarán pegando?, exclamé yo; y saltando conmovida de la cama, como si pudiese impedirlo, me encontré de un salto con la cabeza en los hierros de la ventana

¡Qué espectáculo! La sala estaba sumida en una oscuridad profunda; pero la vista se detenía en un catre de viento colocado en medio de una segunda pieza; y a la distancia en que me encontraba, sólo podía distinguir, a la luz de una porción de bujías, un brazo que colgaba de la cama y una porción de cabellos que pendían hasta el suelo. Allí junto se veía un hombre sentado, con la cara entre las manos, entregado a todo el delirio del dolor, y más allá una negra casi desnuda revolcándose en el suelo, haciendo demostraciones de la más violenta desesperación. Entonces lo comprendí todo... –¡Pobre flor, apenas nacida! Tu cáliz no se había abierto sino para volver al cielo el perfume que había depositado en tu seno.

A la mañana siguiente la casa estaba en el más profundo silencio. Las ventanas estaban abiertas, y en medio de la sala, encima de un catafalco de doce pies de alto, iluminado por una multitud de cirios reposaba el cuerpo de aquella joven con el hábito de religiosa de Santa Clara. Su cabeza estaba adornada de una guirnalda de rosas blancas, y todo su cuerpo cubierto de flores, arrojadas por los curiosos que, según costumbre, entraban sin cesar en la casa para rociar a la difunta con agua bendita.

El padre y la negra habían desaparecido, y dos sacerdotes oraban cerca de aquel ángel, mientras que los dos *tomeguines* jugaban con las gotas de rocío que brillaban todavía en las enredaderas del balcón.

Al día siguiente el cortejo fúnebre se puso en marcha para el cementerio. El entierro de una persona de alto rango se hace en la Habana con una pompa que parece pagar anticipadamente la deuda de los recuerdos. Colocan el cuerpo en un carruaje de cuatro ruedas, el único tal vez que existe en la ciudad. Los clérigos y las comunidades de frailes van rezando en alta voz junto al carruaje, y enseguida se ve un gran número de negros de gran librea, adornados de galones y de escudos de armas, y en calzón corto, caminando en dos filas, con cirios en la mano. Los quitrines de lujo cierran la comitiva, que se prolonga hasta lo infinito. Un negro de librea es, mi querido marqués, un espectáculo curioso y divertido, bien poco en armonía con la seriedad de semejante comitiva, y aunque muy a pesar mío, me veo obligada, para no faltar a la verdad histórica, a mezclar a las tristes imágenes que ofrece esta carta, la pintura de este vestido lujoso y grotesco, que aquí se lleva solamente en estos casos.

Las familias de la Habana tienen la costumbre de prestarse mutuamente sus esclavos para mayor ostentación de los entierros. Ahora bien, como los negros en su vida ordinaria andan tan ligeramente vestidos que sus hombros apenas están acostumbrados al peso de una camisa, cuando se ven engalanados con estos vestidos de paño, todos bordados de galones y con la cabeza cubierta con un sombrero de tres picos; cuando en lugar de los anchos pantalones de lienzo se encuentran metidos en aquellos calzones de paño, jadean y soplan como cetáceos; se desabotonan las casacas; se suben las mangas hasta el codo, mueven los hombros como para desembarazarse de aquel peso, y para completar la caricatura, sus sombreros conservan apenas el equilibrio para no caérseles de la cabeza.

La comitiva se puso en marcha y yo hubiera querido seguirla. Sentía la necesidad de rogar a Dios por todo lo que he perdido. La imagen de mi padre y de mi madre estuvieron delante de mí todo el día y a las siete de la mañana siguiente ya yo estaba sola en mi quitrín camino del cementerio.

Había salido de la ciudad por la puerta de la Punta. Después de haber recorrido las murallas por la parte del mar, pasamos por enfrente de la cárcel antigua que sirve actualmente de cuartel a una parte de la guarnición, y volviéndonos hacia la derecha, atravesamos el hermoso paseo de la Punta y sus calles inmensas de sicomoros. Bien pronto volvimos a ver al mar a nuestra derecha, sereno, azul, inmóvil, y como anegado en los torrentes de luz que caían sobre la superficie. A mi izquierda se extendía una vegetación magnífica, bañada por los rayos ardientes del sol, pero que lejos de debilitarse bajo su peso, dibujaba sus contornos grandes y suaves a un mismo tiempo en un golfo de dorados resplandores. En vano buscaba mi espíritu en aquella naturaleza resplandeciente algunos sonidos melancólicos que respondiesen al sentimiento doloroso, a las ideas de muerte que me habían agitado una parte de la noche; todo en ella era vida; una vida movible y ardiente, como si la naturaleza fuese a desposarse. No lejos de la orilla distinguí la torre de San Lázaro, con sus paredes ennegrecidas por el tiempo, y a algunos pasos a la derecha el hospital de lazarinos y la casa de locos. De esta manera donde la naturaleza está sola no hay más que grandeza y magnificencia ; donde está el hombre no más que sufrimiento y miseria.

A los pocos minutos nos encontramos enfrente de un pórtico de piedra de muy buen gusto, adornado de bajorrelieves y rodeado de árboles, cuyas frutas y flores caían con profusión sobre las urnas cinerarias colocadas a los lados del edificio. Era la puerta del cementerio.

A los dos extremos del pórtico hay dos casas pequeñas ocultas enteramente entre los árboles; la una es la casa del cura; la otra la del enterrador.

El cementerio se compone de dos anchas calles de losas, que forman una cruz griega, dividida en cuatro brazos iguales y rodeadas de una verja y de cipreses de prodigiosa altura. La calle de la entrada conduce a una capilla que está enfrente de la puerta. Apenas llegué, cuando turbada y con el corazón conmovido, me dirigí con un paso precipitado, a pesar del calor excesivo, al fondo del cementerio, volviendo sin cesar la cabeza a todos lados en la esperanza de encontrar un monumento, una inscripción, una palabra que me indicase la última morada de los míos. Pero nada, ni una señal; nada más que un suelo desigual y onduloso, como si fuese de arena movediza y volcánica. Al acercarme a la capilla, distinguí algunas losas sepulcrales. Eran sepulcros colocados en fila con clasificaciones generales sobre cada una de ellas: *"Para los presidentes gobernadores". "Para los generales de las reales armadas". "Para los obispos". "Para los eclesiásticos".* En la fila de la nobleza se veían también en algunas losas los nombres y los títulos de los muertos; pero ni una flor, ni una corona; ningún símbolo ni recuerdo. Tampoco hallaba en ninguna parte el nombre de mi padre ni de mi mamita. Cansada y desanimada, me apoyé un momento sobre una de las columnas de la capilla. –¿A quién busca la señora? –dijo a mi oído una voz ronca y jovial; volví la cabeza, y vi junto a mí un hombre de fisonomía franca, casi desnudo y con un enorme sombrero de paja en la cabeza.

–Busco el lugar donde están depositados los restos de mi padre y de mi abuela –le dije.

–Si la niña me dice los nombres y el año, veremos.

Entonces le di las señas que me pedía.

–San Cristóbal mismo con todo su poder no podría señalároslos; porque ya lo veis, el cementerio de la Habana sería demasiado pequeño para el número de sus habitantes, si cada cuerpo hubiese de permanecer eternamente en su sitio. Por eso no se toman los nichos sino por un tiempo limitado, y cuando la tierra empieza a hincharse... ¿Lo ve usted niña? entonces se cava la tierra, se nivela el suelo, preparándolo para recibir nuevos huéspedes, y los huesos de los antiguos se llevan con los otros que están allí. Y me enseñó cuatro osarios piramidales que formaban profanamente los cuatros ángulos del cementerio. Hasta el año de 1805 los cadáveres se enterraban en las iglesias. En esta época, durante el gobierno de don Francisco Someruelos, y por la influencia del obispo Espada, la Habana tuvo un cementerio. Este digno prelado, tan santo como ilustrado, convencido de los inconvenientes que traía la costumbre de enterrar los muertos en las iglesias, sobre todo en un país como éste, pidió al gobierno la autorización y los fondos necesarios para construir un cementerio y habiendo recibido la una y no los otros, lo hizo a su propia costa.

Trabajo le costó hacer adoptar a sus ovejas este santo asilo y persuadirles que el alma podía irse al cielo aunque el cuerpo reposase en el campo en el seno de la naturaleza. Pero hizo más: en su entusiasmo por las teorías ideales de la perfección angélica, quiso hacer un cementerio verdaderamente cristiano y temiendo que la vanidad no estableciese demasiada diferencia entre el sepulcro del rico y el del pobre, prohibió la erección de todo monumento especial, y aún la compra del terreno. Dio luego permiso para que los negros fuesen enterrados con los blancos, y se limitó a formar líneas de demarcación para las corporaciones y las autoridades destruyendo así la igualdad y apoteosis buscada, y conservando después de la muerte las distinciones de la jerarquía social. Así, pues, mientras que por contemplar la envidia del pobre añadía un nuevo sufrimiento al dolor del rico, prolongaba más allá de la tumba títulos estériles y categorías impotentes para excitar otro sentimiento más que la compasión.

El error del santo prelado no disminuye en nada sus virtudes, cuya memoria es siempre cara a los habaneros; pero sería justo y conveniente variar el reglamento del cementerio, para que a lo menos la madre pudiese venir a llorar a su hija en la tumba y abrazar la tierra que la cubre; para que la hija, clavando los labios en el mármol que encierra los restos de su madre, pudiese pedirle todavía un consejo y un consuelo.

La viva imaginación de estos habitantes es muy ocasionada al olvido. Su vida interior refleja la naturaleza que les rodea; ni se acuerdan de la muerte, ni la comprenden, ni les inquieta, y hablan de ella tan alegremente como de un banquete en un baile. Bajo un clima tan poderoso que todo es vida, su ardiente energía absorbe todas las facultades y les tiene como encadenados al renacimiento perpetuo de la naturaleza. Embebido constantemente en el espectáculo de una vegetación magnífica, que se reproduce bajo mil formas y mil colores; acostumbrado a ver sin cesar las flores, los capullos y los frutos renovarse a la vez en los árboles, ¿cómo podría el habanero comprender la muerte? La vida es para él el placer y él goza de todo; la muerte pasa a un lado y no tiene tiempo para mirarla.

El hombre del norte, acostumbrado a luchar con la aspereza de un clima desnudo de los productos de la tierra en presencia de una naturaleza desnuda y desolada, se familiariza con la idea de la destrucción, y se complace en ella por costumbre. Las privaciones, el trabajo y los sufrimientos le acercan a la muerte; si canta es una balada sobre sus antepasados, cuyos altos hechos recuerda; si contempla, evoca los manes de los héroes de su tribu, y riega con lágrimas religiosas el árbol que plantó sobre la tumba de su madre. Sobre él pesa una atmósfera oscura y brumosa bajo un cielo sin sol y entre hielos eternos; ninguna variedad, ningún movimiento vienen a sacarle de sus meditaciones; sus emociones se concentran, su carácter se hace melancólico y resignado, y acaba por vivir muriendo.

No creáis sin embargo, amigo mío, que la influencia de la naturaleza debilite en los habaneros la facultad del dolor como la de los recuerdos. La intimidad de los lazos de familia, la vida concentrada exclusivamente en las afecciones del amor, desarrollan en ellos muy activamente la facultad de sentir y de sufrir. La pérdida de los objetos queridos los sume en la desesperación, y rara vez viene a mezclarse la idea del interés a sus enérgicos dolores.

En la Habana el hijo no espera la muerte de sus padres para gozar de la opulencia. El jefe de la familia, a medida que sus hijos van llegando a la edad de la razón, les va dando una cantidad y diciéndoles: "hijo mío, foméntate"; y como aquí se hace una fortuna en poco tiempo, antes que el padre haya concluido su carrera, los hijos ya son ricos, más ricos tal vez que su padre.

Así, pues, el sentimiento puro y sagrado del amor filial se mancha aquí rara vez con cálculos egoístas que repugnan tanto a la moral como a la naturaleza.

Absorta en estas reflexiones no me había yo apercibido de que estábamos ya dentro de la ciudad, y de que mi negrito va siempre delante montado en su mula, y esperando mis órdenes. Largo tiempo hubiéramos caminado así, si el sonido cercano de las campanas no me hubiera advertido que estábamos cerca de la catedral.

La catedral actual no fue en su principio más que una modesta capilla consagrada a San Isidoro. En 1725 la reconstruyeron los jesuitas, y pocos años después, expulsada ya la Compañía de Jesús, la iglesia de San Isidoro vino a ser la primera parroquia de la ciudad. Su arquitectura semiespañola y semiclásica no tiene ni estilo ni antigüedad. Es un género mixto compuesto del árabe, del gótico y aun del mexicano primitivo que como todas las obras de arte en los pueblos infantes es una imitación de la naturaleza.

Al lado de las formas europeas, consagradas por la Edad Media y por la época del Renacimiento, se ven agruparse objetos y frutos de las

Antillas entrelazados con guirnaldas y flores esculpidas; están imitadas allí las hojas del papayo anchas y lustrosas como cintas, dando vueltas alrededor de columnas sin base, y coronadas de penachos de ananás. Esta riqueza y este lujo de formas, arrojados a manos llenas y sin arte entre las antiguas formas tradicionales, hieren vivamente la imaginación. La alianza del antiguo y del Nuevo Mundo vive aquí en la piedra, y me recuerda esas ciudades subterráneas que hay en Italia, donde las generaciones que le han sucedido se sirven unas a otras de mortaja; donde la vida sucede a la muerte; donde los tipos diversos del arte están, por decirlo así, colocados por pisos sobre los palacios de los moros, sobre las termas de los emperadores, sobre las catacumbas de los cristianos; donde los jardines se secan al calor subterráneo de los sepulcros.

Ya lo veis, a Cuba le falta la poesía de los recuerdos; sus ecos sólo repiten la poesía de la esperanza. Sus edificios no tienen historia. El habanero vive en lo presente y en lo porvenir; su imaginación y su alma no se mueven sino ante la prodigiosa naturaleza que les rodea; sus palacios son las gigantescas nubes que besan el sol en su ocaso; sus arcos de triunfo la bóveda de los cielos; en lugar de obeliscos tienen palmeras; en lugar de escudos feudales la pluma resplandeciente del guacamayo, y en lugar de cuadros de Murillo y de Rafael los negros ojos de sus mujeres, iluminados por los rayos de la luna, y brillando de amor al través de las rejas de sus ventanas.

Entretanto nos íbamos acercando a la catedral, y las campanas sonaban más cerca. Yo no lo sé, pero me parece que este toque se dirige particularmente a mí. Tenía que rogar por mi padre y por mamaíta. Entré en la iglesia. Era domingo, y la misa iba a concluir. Todo era resplandor allí dentro; elevadas pirámides de luces realzaban la magnificencia de los altares que deslumbraban con sus dorados, sus reliquias y sus candelabros de oro y de plata incrustados de todo género de pedrería. Toda la iglesia estaba sembrada de flores, cuyos perfumes se mezclaban al olor del incienso, y que unidos con la armonía suave del órgano producían una turbación que se asemejaba a un vértigo. Se celebraba la fiesta de la Virgen, cuya imagen cuajada de brillantes, resplandecía en el altar entre coronas de flores y tisúes.

Las señoras de la nobleza son las encargadas del cuidado particular de los santos y de la Virgen. Cada iglesia tiene su patrona que dirige el servicio del santo que se venera en ella; en todas hay una hermandad compuesta de muchos miembros y empleados, y de un mayordomo encargado del patrimonio del santo, que consiste en las considerables donaciones de las almas piadosas. La patrona es la que cuida de la administración de los fondos, y la que tiene el cargo exclusivo de renovar los vestidos de la Virgen, cuyo guardarropa es suntuoso y variado, así como los ornamentos de su altar que consisten en alhajas y en mantos guarnecidos de pedrería. En los días de fiesta es cuando se despliega todo el lujo del culto, y si no bastan las rentas del santo, la patrona cubre los gastos, excediéndose siempre por devoción y por amor propio. en el desempeño de su encargo. El día del santo la patrona convida mucha gente a los oficios, y al salir de la iglesia les da un refresco magnífico en su casa. He aquí una anécdota que me parece que os agradará.

Mi tía la condesa viuda de Montalvo, patrona de la Virgen de las Mercedes, mi santa, que es muy reverenciada aquí, había enviado a pedir a Madrid para el día de la Virgen, que cae a fin de septiembre, es decir, en pleno equinoccio, las telas más ricas de plata y de oro. Dos meses hacía que las estaba aguardando; llegó la semana de la novena y no habían llegado. Mi tía estaba desesperada, y todo era desolación en la familia. En fin, la víspera de la función, apareció en la bahía un buque desmantelado, y este buque traía el tesoro apetecido. Creyéndose a punto de naufragar, la tripulación había arrojado al agua toda la carga para disminuir el lastre; pero no sólo había conservado el precioso depósito, sino que lo había colocado en el puente con gran ceremonia, y hecho fervientes oraciones, arrodillándose ante la caja sagrada. El oportuno arribo del buque después de tan gran peligro se cuenta entre los milagros auténticos de mi santa.

La misa se había concluido y la gente salía de la iglesia. No sé si la oración en común es más eficaz que la oración individual; de mí sé decir que no rezo con fervor sino cuando estoy sola. Así, pues, dejé disiparse aquel raudal de gente, contemplando con placer a los blancos, los mulatos y los negros mezclados en el santuario del padre Coriun y enorgulleciéndome por la humanidad de mis compatriotas al pensar en otras colonias en donde los negros tienen una iglesia especial, y como maldecida. Entre nosotros las generaciones desaparecen ante la religión, y la casa de Dios es la casa de todos.

Concluida mi oración iba a salir de la iglesia, cuando al pasar junto al altar mayor, me llamó la atención una losa sepulcral. Me paré, y leí esta inscripción:

¡Oh restos e imagen del gran Colón!
Mil siglos durad, guardadas en la urna,
En la remembranza de nuestra nación.

En la losa está groseramente esculpida la efigie de un hombre, o mas bien de un dios...

¡Salud, grande hombre, ilustre y desgraciado! ¡Salud, oh Colón! ¡Tú cuya voluntad fue tan grande como tu fe, gran corazón, alta inteligencia, que supiste ensanchar los límites del mundo, luchando con todos los peligros y todas las injusticias!

Modesto en el triunfo, fuerte en la adversidad, blanco siempre de la envidia, Colón tuvo compasión de la debilidad humana, apenas se quejó de ella, y no procuró la venganza. El carácter de Colón es una hermosa creación de Dios.

Pero al dotarle de aquel entendimiento sublime, de aquel rayo divino que debía guiarle en sus peligrosas empresas, quiso Dios someterle a las más dolorosas pruebas para que no olvidase que era hombre.

¡Qué de páginas sublimes en su vida! Ahora en medio de la corte, rodeado del esplendor del trono, sentado al lado del rey Fernando y de la reina Isabel, cuenta lo que ha visto, sin detenerse en lo que ha hecho. Ahora mandando como soberano en medio de sus conquistas, este hombre heroico inclina la cabeza al nombre del rey pronunciado por el traidor Bobadilla, y se deja cargar de cadenas. Pero nunca pareció tan digno de admiración como cuando le asaltó la tempestad al volver a España a dar cuenta de su primer descubrimiento. Los marineros invocaban a los santos, y parecía inevitable el naufragio. ¿Qué hacía Colón en presencia de la muerte? Escribía con mano serena la narración de su viaje; la encerraba cuidadosamente en una caja de hoja de lata, y después de haber tomado todas las precauciones para preservar del agua aquel tesoro, lo entregaba a las olas del Atlántico en la esperanza de que alguna casualidad feliz hiciese tal vez al mundo una revelación tan preciosa.

Colón murió en Valladolid entre los dolores del alma y del cuerpo, y sin haber podido legar su nombre al Nuevo Mundo. Sus restos enviados primero a Sevilla, y luego a Santo Domingo, fueron transportados a la Habana en 1796. Así después de su muerte como durante su vida, su destino fue correr el mundo. La Habana sabrá conservar este noble depósito. Las cenizas de Colón deben permanecer en esta tierra que él descubrió, y a la cual llevó los beneficios de la civilización ¡Es un acto de necesaria justicia y de solemne poesía! El destino de los hombres célebres no acaba con la muerte; en el fondo de su última morada es donde se completa el cuadro de su vida. La de Colón no terminó para los habaneros sino en 1796, porque entonces fueron su rehabilitación y su recompensa. La roca de Santa Elena, tumba de Napoleón, no solamente ha venido a ser depositaria de su gloria y de sus desgracias, sino el simulacro visible y material de sus faltas y de su expiación. Tocar a esta tumba ha sido una profanación, el asesinato de una gloria; ha sido alterar el orden moral, y perturbar un gran destino. ¡Cosa notable! El recuerdo de esta gloria tan grande, mientras su cuerpo reposaba como un gigante dormido en una roca salvaje, parece hoy sepultado en la bóveda prosaica que ocupa. Napoleón en Santa Elena pertenece al mundo; en los Inválidos no pertenece más que a la Francia.

Mis labios besaron la modesta piedra que cubre los restos de Colón, casi olvidados de los habaneros mismos, e ignorados del mundo entero, y salí de la catedral haciendo votos porque el gobierno español consagre al fin a este grande hombre un monumento digno de su vida y de su muerte.

CARTA VIII

Las dos veladas. Mi pariente el observador. El velorio. El zacateca. Los calzones del muerto. Don Saturio. Velar el mondongo. El lechón. El matador. El zapateado. Costumbres del pueblo y costumbres rústicas. El desayuno en la finca.

Habana, 18 de junio

Seguidme, querida vizcondesa, vos cuya originalidad no ha perdido nada de su frescura y de su gracia en medio de las elegancias parisienses y de las exigencias de la vida civilizada. Venid a un lugar desconocido y singular a presenciar el espectáculo de unas costumbres que nunca han sido descritas, ni apenas observadas. No se han extinguido bastante nuestras ilusiones para que no se despierten de nuevo a la vista de unos seres que conservan aún todo el encanto de la sociedad primitiva. En nuestra Europa todos los matices se confunden, y forman, por decirlo así, un crepúsculo indeterminado; aquí los colores son vivos y exactos, y las costumbres están impregnadas de una gracia natural y espontánea que no puede ser más extraña a nuestro modo habituado de vivir.

Acababa yo de escribir anoche una carta a uno de mis amigos describiéndole la manera como se comprende aquí en la Habana el gran problema de la muerte, cuando uno de mis parientes, hombre de edad avanzada, entró en mi cuarto, y quiso saber qué especie de apuntes enviaba yo a Europa desde la isla de Cuba. Tiene un talento claro y cultivado, y podría figurar muy bien en los salones de París y de Londres. Ha viajado mucho, y se complace hoy en recorrer las costas y los rincones de la isla, a fin de de descubrir algunos detalles sobre las costumbres de sus habitantes, divirtiendo de este modo su curiosidad y su vejez.

—Tenéis razón —me dijo después de haber leído mi carta al marqués de C... Aquí ni saben ni quieren morirse. La idea de destrucción no se nos ocurre jamás; tal es la rapidez y variedad de nuestras impresiones. Sois mujer y mujer de mundo; vuestros hábitos y vuestras ideas no os han permitido descender a ocuparos de las observaciones populares o íntimas que bastan para caracterizar a una raza... y si no, decidme, ¿sabéis lo que es un *velorio*? La velada de los muertos en la Habana.

—En verdad que debe ser una cosa muy divertida, le dije yo con ironía.

—Mucho más de lo que pensais; y cuando por fortuna me hallo en el campo, y puedo formar parte de las reuniones que velan el *mondongo*, me aprovecho con gusto de aquella circunstancia.

—¡Un *mondongo*! ¡la velada de los muertos! Dos pasatiempos que creo desde luego muy poco agradables.

—Os engañais completamente. El nombre os repugna y ved ahí en lo que consiste. Pero la poesía pastoral, la alegría campestre, la gracia e ingenuidad de las costumbres son el verdadero objeto de esta diversión, llamada por nuestra gente de campo *velar un mondongo*. En cuanto a la otra fúnebre ceremonia que llaman *velorio*, es indudable que proporciona en medio de su duelo tantos placeres, epigramas, amores, y aun matrimonios, como vuestros y vuestras reuniones europeas. No solamente los amigos de un muerto sino también las personas que sin haberlo conocido quieren hacerle este honor, se reúnen alrededor del cadáver y le velan durante la noche. Hay personas que no faltan por nada de este mundo a ningún velorio, entre otras aquel don Saturio que os presenté el otro día, aquel de los labios gruesos y los ojos fijos y apagados, de frente inclinada y boca dilatada por una risa eterna; caricatura verdadera de nuestra vida insustancial y voluptuosa. Pues bien, este personaje, a quien debo muchas consideraciones, vino antes de ayer a mi casa, y me dijo con la mayor inocencia:

—Uno de mis parientes ha muerto.

Después bajando la voz, y con tono alegre y misterioso añadió:

—Se divertirá Ud. mucho. Hay personas de buen humor y una cena magnífica.

Eran las nueve de la noche, me puse mi casaca de pésame y me dirigí a la casa mortuoria. Apenas había entrado en el patio cuando llegó a mis oídos una voz que sobresalía entre el bullicio de las conversaciones:

—¿Qué calzones ha de llevar el difunto?

—Todavía no lo sabemos —respondió desde el interior otra voz temblona.

—¿Los de cutí color de rosa, o los de paño violeta?

Entonces atravesó el corredor una vieja, pasó por delante de mí, y levantó la cortina negra.

—Nada de calzones —exclamó—, llevará un hábito de San Francisco.
—Corriente —replicó desde el fondo del cuarto otra voz lúgubre y propia de las circunstancias, que contrastaba singularmente con el movimiento y la algazara que hacían en el patio.
—Corriente, doña Bárbara.
Era la voz del *zacateca* (enterrador).
Al cabo de algunos minutos expusieron al muerto, y cada cual de los que allí estaban lo roció con agua bendita. Entonces abrí yo a mi vez la cortina negra.

Sobre unos cuantos escalones dispuestos en forma de altar que se elevaban a la altura de unos doce pies, se veía el cadáver lívido y rodeado de cirios, cuya luz roja reflejaba tristemente sobre los pliegues azules del hábito de San Francisco. Era un espectáculo terrible. La *tumba* o féretro estaba aislada; la cara del muerto descubierta; sus ojos cerrados con cera caliente dejaban aún distinguir alrededor de sus párpados algunos glóbulos blancos que parecían lágrimas fijas, y sobre el cuerpo tieso e inmóvil se extendía una claridad tétrica y vacilante... Habían abierto las puertas, y se permitía la entrada a todo el mundo, lo cual era lo mismo que llamar los intereses y las pasiones de los vivos al gran juicio de los muertos.

Mi turno llegó. La claridad de la luna, tan viva y resplandeciente como la luz de la alborada en Francia o en Inglaterra, entraba por las ventanas abiertas, y caía sobre las gradas entapizadas de negro de la pirámide mortuoria, y mezclándose a la que despedían los cirios, parecía reanimar la figura del muerto.

Este melancólico espectáculo no era muy del gusto del doctor don Saturio que me acompañaba: creyóse pues, en el deber de llevarme hacia otro lado bajo pretexto de presentarme a la viuda y a los parientes que ocupaban una casa inmediata.

Nada más triste en verdad que la situación de aquella pobre mujer obligada a reprimir su dolor, y a mantenerse inmóvil en medio de aquel círculo de personas que cuchicheaban y hablaban en voz baja de las novedades del día y de asuntos domésticos. Todos los presentes se volvían de cuando en cuando hacia la viuda, haciendo dar a su fisonomía una seriedad propia de las circunstancias; pero dejando ver entre los gestos de la tristeza las recientes señales de la alegría. Felizmente para ella las visitas se renovaban constantemente, y no estaba obligada a hablar con nadie. Un niño sentado sobre las rodillas de su madre exclamaba al distinguir la tumba a través de la puerta: "¿mamá, por qué está papá allí? ¿por qué está tan bien vestido? Dile que quiero darle un beso".

Ya comprenderéis que estas inocentes palabras disgustaron bien pronto a don Saturio. Sacó un cigarro de su bolsillo, lo acercó a la luz y se apresuró a decirme:

–Quedaos aquí, yo voy a la cocina a tomar una taza de café.

Por mi parte, me desprendí bien pronto de la etiqueta que me había impuesto, y tomé parte en aquellas conversaciones tan desagradables para los afligidos y tan fastidiosas para los indiferentes; dejé a la viuda y me fui a otra sala.

Allí se me ofreció el espectáculo menos análogo a la tristeza y al silencio de las ceremonias mortuorias. Cerca de cuarenta personas de ambos sexos formaban allí grupos animados; los más jóvenes jugaban juegos de prendas; otros hablaban en voz alta, y alternaban la conversación con grandes carcajadas; otros rodeaban a una vieja que era justamente la que había decidido sobre la mortaja del muerto, y que contaba con una prolijidad escrupulosa su juventud, sus virtudes, su riqueza y todas las particularidades de la enfermedad que padeció.

Un personaje había que bullía y triunfaba más que todos juntos en medio de aquella concurrencia: era el doctor don Saturio. Parecía que se multiplicaba; tomaba parte en los juegos de prendas; traía chocolate a ésta, confites a la otra, vino moscatel a la vieja; charlaba, reía, fumaba, hacía por la vida, mostraba en fin una alegría tan contagiosa, que traía alborotada la sala. Me daba envidia ver aquel buen hombre, bufón habitual de los velorios, carácter original que sólo la Habana puede poseer, mostrarse tan alegre entre las imágenes y el aparato de la muerte.

Salí un momento a tomar el fresco, y al atravesar un corredor vinieron a herir mi oído voces suaves que hablaban bajo. No lejos de la sala donde yacía el muerto estaban hablando dos muchachas, apoyada la una sobre el hombro de la otra. ¿De qué? Vas a oírlo: "¿Lo viste, Pepilla, cómo lo miró?

–Ya lo vi, ya. Y con qué furia rompió el abanico cuando lo condenaron a darme un beso... Y él qué colorado se puso. ¡Oh deliciosas ilusiones de la vida! estuve yo para exclamar: ¡poderosos encantos de la juventud; ardor de las pasiones creadoras, cómo ocultáis a los ojos de las criollas el horror de la muerte!

En esto estaba yo pensando cuando volví la cabeza, y vi al doctor Saturio en el cuarto del difunto encendiendo un cigarro en uno de los cirios de la *tumba*. El ruido de las carcajadas y de las conversaciones se fue aumentando de momento en momento; y a eso de las doce de la noche la algazara general, las carreras de los que atravesaban los corredores, las voces vibrantes de las muchachas, el acento chillón y cascado de las viejas, las voces resonantes de los hombres, el roce de los vestidos y el trasiego de las sillas, formaban un concierto que hubiera debido resucitar al muerto. Pero el muerto se estuvo quieto, y los vivos se fueron a cenar.

–Gran momento debió ser aquel para don Saturio –dije yo a mi primo.

–Efectivamente lo fue –continuó éste; tendida la servilleta de un hombro a otro, con un tenedor en la mano derecha, y blandiendo un cuchillo con la izquierda, después de haberse dado prisa a destrozar un jamón, decía sus gracias entre bocado y bocado, y hacía desaparecer lo mejor de cuanto allí había en las profundidades del estómago. Así era como este amigo de los muertos continuaba con gran éxito su reinado nocturno.

La monótona voz del sereno venía a mezclarse de cuando en cuando a esta algazara infernal, a esta desatentada orgía, al fin de la cual don Saturio, balanceándose entre los vapores del vino, fue a embutirse en una butaca que había en medio del patio, y se quedó profundamente dormido.

He aquí, querida amiga, lo que se llama una *velada de muerto* en nuestro país. Es una particularidad de nuestras costumbres de la clase media, que no se debe mirar ciertamente como regla general, y que nada tiene que ver con las clases aristocráticas; pero estad segura de que nada os he exagerado, antes he debilitado el cuadro real y positivo de esta fiesta fúnebre.

–¿Y cómo terminó?

–A expensas del pobre don Saturio. Los jóvenes que estaban fumando en el patio no tardaron en fijar la atención en él. Estaban muy alegres con las cenas y con los amores. ¡Válgame Dios! exclamó uno al ver a don Saturio dormido con la boca abierta; ¡qué bien está para pintarlo!

Al instante trajeron un carbón, y la víctima se encontró a los pocos minutos con unas patillas y unos bigotes soberbios, que hasta entonces no habían adornado su rostro.

Allí fueron los gritos y la algazara. Una muchacha fue a buscar un espejo al cuarto del difunto, y se lo puso a don Saturio, el cual se despertó sobresaltado, y viéndose tan horrible echó a huir entre los silbidos de la concurrencia.

Así acabó la fiesta. La claridad del día empezaba ya a confundirse con los rayos de la luna, y yo me vine dejando a aquella gente fumando, conversando y enamorándose en el patio. Conque, ¿qué os parece el *velorio*?

La gran etiqueta española en la sala del muerto; la indiferencia criolla en las demás habitaciones de la casa; un aturdimiento salvaje unido al recuerdo de una civilización pomposamente religiosa, ¿no es éste un conjunto único, compuesto de inesperados contrastes? y ¿no sería un gran asunto para un cuadro especial de costumbres?

–Seguramente –le dije yo a mi primo–, los pintores de costumbres de la clase media, Dickens, Teniers o Lesage, sacarían mucho partido de nuestro velorio. Vuestra narración me ha interesado tanto, que ya tengo curiosidad de saber lo que es *velar un mondongo*.

–¡Oh! eso es otra cosa. En vano buscaríais en el interior de nuestras ciudades señales de esta costumbre; pertenece enteramente a la clase rústica, que repite esta diversión gastronómica en Navidad, en Pascua de Pentecostés, en Pascua de Reyes, y los días de sus santos.

Para velar un mondongo se reúnen a orillas de un río o de un arroyo hombres y mujeres, jóvenes y viejos, los hombres con sus pantalones de lienzo, con sus zapatos de piel de gamo y sus sombreros de yarey de ala muy ancha; las mujeres vestidas de muselina blanca y con zapatos de seda. El matador con las mangas de la camisa arremangadas hasta el hombro, representa el papel principal en esta escena extravagante, que empieza al caer de la tarde, puesto que se trata de matar una víctima, un becerro o un lechón que ha de servir al banquete homérico de aquellas gentes.

Apenas el matador ha metido el cuchillo en el cuello del becerro o del lechón, cuando una muchacha con su cigarro en la boca, cigarro que ha plantado, recogido y hecho ella misma, se acerca al animal, recoge en una olla la sangre, y se pone a darle vueltas, y a formar lo que se llama aquí *sangre quemada*. Ya ves que no es éste un principio muy elegíaco para un idilio, y aun me guardaré bien de describiros punto por punto algunos preparativos culinarios que os darían asco; la sangre corriendo por la tierra; las entrañas circulando de mano en mano, el *guaticero* (muchacho del cortijo) pinchando el brazo de su querida para encarecerle su amor, y cien otras extravagancias. Mientras que hombres y mujeres asisten a la fiesta, los patriarcas de las tribus, sentados en el suelo y más dichosos que reyes, juegan al burro o al tutiflor en la casa vecina, cuyo perro, tomando parte en la alegría general, anda acechando el momento de hincar el diente en alguna presa, lo cual forma también parte de la diversión.

Una negrita comienza luego a repartir tazas de café endulzadas con raspadura (azúcar negra). Con esto acabó la loa gastronómica y empezó la fiesta poética. El mondongo no es más que un pretexto; el verdadero objeto son el baile, la música, el amor y la libertad.

A eso de las nueve se presentó un nuevo personaje. ¡Hola! dijo una guajirita; ya oigo la voz de Ño [3] Pepe el Mocho. La guajirita apenas tendría doce años, o como se dice poéticamente en el país, no había visto brotar dos veces el cocotero plantado por su padre el día de su nacimiento. En efecto, era Pepe el poeta.

–Buenas noches, caballeros –dijo al entrar–. Vuestro mondongo despide un olor famoso.

–Buenas noches, buenas noches –le respondieron veinte voces a la vez–. ¿Y tu tiple y guitarra?

–Aquí lo traigo; no vengo desprevenido.

–Pero a propósito, Mercedes, ¿sabes lo que es un guajiro?

–Sí lo sé –respondí yo.

–Pues bien: Pepe el Mocho es la perla de los guajiros. Rico como un Creso, trovador inagotable recoge su cosecha de maíz dos o tres veces al año, y pasa lo demás del tiempo recorriendo el país con su instrumento en la mano para cantar sus décimas, que desea oír todo el mundo; compone décimas para los celos, décimas para el amor dichoso, décimas para la venganza y para la pasión, y se las canta y se las enseña a las muchachas, según el estado de sus corazones. Hombre extremadamente útil, se le hacen todos los encargos del país, y los desempeña a las mil maravillas. Su traje es la camisa por encima del pantalón, unos anteojos y su guitarra colgada del hombro. *Ño Pepe* es un hombre tan importante en el país como los más hermosos *leones* en vuestros salones de París o de Londres.

---

[3] Ño, diminutivo de señor.

—Vamos a ver —preguntó él— ¿quién toma el tiple?

—Venga —respondió don Silvestre, hombre chiquitillo y tan alegre como mal formado, que rasgando con las uñas las cuerdas metálicas, acompañó las coplas de *Ño Pepe*, mientras se preparaba el mondongo, y mientras el lechón atravesado en una vara de *yaya* (madera de hierro), y puesto en movimiento por un negrito, daba vueltas con majestad delante de la lumbre, y proyectaba sobre los espectadores una sombra que abría el apetito.

En esto entramos en la casa, y comenzó el famoso *zapateado*. La sala estaba rodeada de taburetes con asientos de cuero; unos se sentaron en ellos, los demás en el suelo, y todos saboreaban con inmenso placer las impresiones del baile, certamen encantador y característico entre los zapateadores.

No os lo pintaré yo; ya vos habéis visto el paso menudo e infantil de este baile, que expresa de una manera admirable la agilidad, la vivacidad, la naturalidad de los bailarines. El más ligero quita el sitio a su rival y le sucede en él, resbalando ligeramente sus pies hacia atrás y hacia adelante, y meneándose con una ligereza que aturde. Algunas de las muchachas le tira su pañuelo bordado y perfumado, con las iniciales en un pico y con cien festones emblemáticos alrededor; y agarrando a su vez con la punta de los dedos la falda de su vestido de muselina sigue, huye y vuelve a seguir sucesivamente al *hombre*, clavando en él sus ojos negros, deslizándose de entre sus manos con su cintura delgada y ligera, provocándole y burlándole con una encantadora coquetería. Vuelve a acercársele, y vuelve a escaparse con una vivacidad camastrona, agitándose en las mil vueltas de su baile característico, como el pez en el agua, a la derecha, a la izquierda y a todos lados, hasta que se cansa y se sienta.

Lo que más me encanta, mi querida Mercedes, cuando me hallo en algunas de estas diversiones populares, es ver el carácter poético que van poco a poco tomando hasta borrar insensiblemente la parte vulgar y grotesca de la fiesta. Henos aquí entre los sonidos de la guitarra, los pañuelos bordados y la danza lánguida e inspiradora. Todas las ideas gastronómicas han desaparecido; el roce de los zapatos contra el suelo se va haciendo más vivo y más continuado; los zapateadores se van animando por grados, y el baile acaba por tomar un carácter de vivacidad frenética. ¿Por ventura ha habido algún rival que haya tirado su pañuelo a los pies de un hábil zapateador para que lo pise y tropiece? Al instante se deshace éste de aquel obstáculo, y continúa su baile en medio de generales aplausos.

Así se pasa la noche, hasta que la voz varonil de algún guajiro anuncia la claridad del día, y saluda el astro de la mañana con esta exclamación ¡*ahí viene el boyero*! En efecto, su observación astronómica no tarda en confirmarse: una porción de nubecillas de todos colores empiezan a flotar sobre el azul del cielo, y el labrador sale al campo guiando con lento paso sus bueyes. El muletero se pone en camino cantando al monótono son de las campanillas de sus mulas, y el techo de *guano*, que da a los paisajes un aspecto tan característico, comienza a brillar con una luz dorado. Apenas sale el sol, la gente se pone en camino, y va a tomarle a alguna *finca* (alquería) cercana, entrándose por sendas estrechas y tortuosas, que se pierden entre los maizales, y llegan cubiertos de rocío a casa del dueño de la *finca*, que a veces no tiene más que cinco o seis taburetes que ofrecerles. Pero para eso está el suelo; los unos se tienden en él cuan largos son, los otros se recuestan apoyando la cabeza contra las ceibas que cercan el *batey* [4], y todos fuman y saborean su café.

Algunos se pasean con sus queridas por los montes y por los valles hasta que el ardor del sol les obliga a buscar techado. Los jóvenes vuelven entonces con grandes puchas (ramilletes de flores) en sus sombreros, y las muchachos con la cabeza, el pecho y la cintura cubiertos de flores.

Vuelven por fin a casa, y se sientan a la ancha mesa de yaya, donde está ya la apetitosa cazuela coronada de un vapor odorífero, y acompañada por una parte del lechón que enseña sus dientes a sus verdugos, y por otra de un montón de bananas fritas puestas en una batea (plato de madera). Vénse allí una porción de tortas de casabe, indispensable acompañamiento del lechón. Al punto empiezan a caer las cucharas sobre la cazuela, que en menos de un instante queda limpia como si la acabasen de fregar y el lechón, las bananas, las tortas, todo desaparece en un momento.

El humo de los cigarros cubre el campo de batalla, que no ofrece ya más que despojo; y de la velada del mondongo, como de la velada del muerto, no queda más, mi querida Mercedes, que nuevos gérmenes de vida, agradables recuerdos, ilusiones nuevas, matrimonios y amores.

---

[4] Especie de explanada delante de una casa de campo.

CARTA IX

Costumbres íntimas. Las Pascuas

Estábamos en el distrito de San Marcos, el jardín mágico de nuestra isla, y era durante las fiestas de Pascuas, cuando todo el mundo va allí a disfrutar juntos los placeres del campo y los de la ciudad. El paseo es a las doce. Los quitrines y los caballos se deslizan al través de las soberbias columnas de palmeras, ruedan sobre la arena roja y sembrada de azahar; corren por aquellos laberintos de vegetación colosal y de plantas parásitas, cuya asombrosa riqueza se presenta bajo todas las formas y bajo todos los colores. Nuestras jóvenes se hacen traer ya el *mamey*, ya el *caimito*, o ya el *zapotillo*, pues todo abunda aquí en frutos y flores a la vez, y los árboles están tan cargados, que se doblan bajo el peso de su opulencia. En medio de las rosas y de los caprichos de un apetito satisfecho, suele antojársele a alguna de ellas coger por sí misma desde su volanta la fruta o la flor que cuelga sobre su cabeza, y al tiempo de irla a pillar, se encuentra enredada en las flores y las lianas que se balancean en el aire. Pero ya van entrando y reuniéndose todas en casa de uno de los propietarios de cafeterías, los cuales todos, durante las Pascuas, tienen obligación de festejar a todo el que llega.

La comida es suntuosa. La cocina criolla y la cocina francesa rivalizan a cada paso; los platos son a cual más delicado, y la comida se sirve bajo una tienda en medio del jardín. Al tiempo de levantar el segundo servicio todos dejan la mesa; los habaneros no asisten nunca a este revoltoso cambio de decoración. Un paseo de algunos minutos, sea en el jardín, en el campo, o en la sala, basta para trocar el servicio anterior en mil maravillas de cristales y de porcelanas, en canastillas de frutas, y bandejas de dulces variados hasta lo infinito; y para coronar tantas golosinas se cubren de flores la mesa, el mantel, los bordes de los platos, y hasta los pies de los vasos: las flores abundan por todas partes allí. No podéis figuraros el efecto de esta metamorfosis mágica, de estos perfumes embriagadores que exhalan las frutas mezcladas con el aroma de las flores. Tienen algo de refinado, y están muy en armonía con la vida sensual de este país; esta elegancia, esta frescura que sucede inmediatamente al vapor de los vinos, y al olor nauseabundo de los platos. Acabada la comida se reunen en la sala para bailar. Allí todo es sencillez; una sala espaciosa, como todas las de este país, con sillas de tafilete o de paja muy fina, y galerías espaciosas alumbradas por bujías de cera cubiertas de fanales de cristal. En cuanto a lo demás, nada de dorados, nada de cortinas, nada de sillones de lujo; inmensas puertas, inmensas ventanas abiertas que caen al gran corredor que os envía hasta la sala la frescura del agua de su fuente y las tibias emanaciones de los cestos de flores de que ésta está adornada; jóvenes vestidas con la mayor elegancia y muchachas con traje blanco y corona de flores. Tal es el aspecto de nuestros bailes de campo. Apenas empieza a sonar la orquesta compuesta de negros libres que tienen también su prurito en aparecer *fashionables* y llevan guantes amarillos, los bailarines y las bailarinas se apresuran a ponerse en dos filas, y comienza la contradanza habanera con su indolente gracia y sus voluptuosos movimientos. La concurrencia era muy grande en aquella tarde, y las muchachas, cansadas de tanto bailar, tomaban de cuando en cuando algún descanso. Entonces callaba la orquesta, y los aficionados a la conversación aprovechaban de este silencio para formar uno de esos diapasones agudos de voces humanas propios de los países meridionales. Los jóvenes se acercaban entre tanto a la mesa del monte y jugaban algunas onzas.

 Los grandes señores, los propietarios opulentos corrían a poner a una carta sus rentas de un año, la gente del campo el producto de sus labores, y los que por timidez vacilaban en acercarse a la mesa, se veían bien pronto arrastrados a ella por el ejemplo de sus mujeres que, como todas las mujeres del mundo cuando se entregan a un vicio, son más resueltas que los hombres más resueltos al juego.

 De cuando en cuando se veía una gran señora deslizarse por entre los jugadores, y poner en su mano delicada montones de oro que excedían a todas las puestas; pero el jugador más notable de todos era el caballero de industria; para él todo era ganancia. Solamente algunos jóvenes, sacrificando una pasión a otra, entregaban su dinero a un amigo para que tentase la suerte por los dos, mientras que ellos se quedaban en la sala ocupados con algún proyecto amoroso que no debía pasar de las Pascuas.

 De este número era don Claudio de Pinto, cuyos amores no eran un misterio. Hijo de un rico banquero, la muerte de su padre le había hecho dueño de una fortuna considerable. Apenas salido de la adolescencia, la belleza de sus facciones, la mirada fiera y tranquila de sus ojos negros y a la flor de la cara, la delicadeza y la energía que se adivinaban a la vez en los contornos de su talle delicado, unas manos admirables, todas estas ventajas exteriores le habían proporcionado aventuras increíbles con las mujeres. Pero un observador atento no tardaba en descubrir a través de la belleza de sus rasgos un alma inquieta y estragada.

Las primeras impresiones de Claudio se habían desenvuelto bajo el prisma de la opulencia. Siempre rodeado de esclavos que obedecían sus menores caprichos, sus padres se habían dejado dominar por el temor de contrariarlo, y veían una enfermedad, un acto de desesperación en el niño al menor disgusto que le diesen.

Esta debilidad de que él sabía muy bien sacar partido para entregarse a sus caprichos y voluntariedades, le hicieron incapaz de aprovechar los estudios que después se le dieron. Desaplicado, orgulloso de su fortuna, vano con su belleza y egoísta como un niño mimado, no había traído de Europa, donde se había educado desde la edad de diez años, ningún conocimiento útil a su país, ninguna instrucción aplicable a su vida futura de hombre; pero en cambio había aprendido todos los vicios de que el hombre se rodea en su corrupción para reanimar los goces descoloridos de su vida.

La joven a quien obsequiaba Claudio había apenas salido de la infancia y era todavía la obra purísima de la naturaleza. Sin compostura ni artificio, su candor era igual a su inocencia; pero estas cualidades participaban en ella de las inclinaciones tiernas y apasionadas de un alma criolla. Una educación sencilla y limitada, aunque buena, la había dejado sin defensa contra la astucia y la mentira, y su alma cándida no tenía para defenderse otras armas que el atractivo del bien, el temor vago del mal y el candor instintivo que la naturaleza ha puesto en el corazón de la mujer. Sus padres, personas tan ignorantes como buenas, no salían nunca de su casa de campo sino una vez al año para ir a las Pascuas de San Marcos; la madre, doña Catalina Ovando, para ver bailar a su hija; el padre, don Antonio Pacheco, para jugar al monte con los grandes señores.

–Me quedo con tu guante –le decía Claudio a Conchita, en el intervalo de dos bailes.

–¿Y qué vas a hacer con él? No ves que al salir se me pondrá la mano fría como un hielo.

—¿Qué dices, china [6] mía? Ven acá, pon la mano sobre mi corazón, y verás cómo se calienta de manera que no tengas necesidad de guantes en toda tu vida.
—¿Con que tanto me amas, Claudio?
—¿Y me lo preguntas, Conchita?
—En verdad que no debo preguntártelo, porque... ¿qué me has de responder?
—La verdad: que me muero por ti.
—Eso mismo le habrás dicho a tantas otras... toma Claudio, si me engañas, te arrepentirás.
—¡Qué! ¿tienes celos?
—¡Y qué! ¿crees tú que puedo yo ver con indiferencia tus obsequios a Carmen Marena? Ayer estuviste todo el día con ella. Ayer estuviste todo el día a su lado haciéndole la corte... que me daba una gana de llorar... yo no quería decírtelo; pero ya que tú me has sacado la conversación, sábelo: a mí no me gusta eso, ¿lo oyes?

Claudio, que hasta entonces había tenido la cabeza inclinada, y casi junto a la joven, se enderezó en su silla, y se puso a tararear una contradanza, mientras que sus manos jugaban con el guante. La niña, haciendo a su vez una mueca graciosa, volvió la cabeza a otro lado, y permanecieron algunos instantes en silencio, hasta que cambiando ella de actitud con la prontitud de un niño, se volvió a su amante y le dijo:
—Dame mi guante, Claudio.

El joven le volvió el guante sin responderle ni mirarla; pero ella lo rechazó de sí con un movimiento de cólera, diciendo:
—No lo quiero, tíralo.

Claudio abrió la mano sin cambiar de actitud, y el guante cayó al suelo; pero fuese credulidad o fuese niñería, Conchita en lugar de irritarse, le dijo a su amante reprimiendo una carcajada y afectando severidad:
—Claudio, levanta ese guante y bésalo, si no eres un ingrato.

El taimado galán, viendo la ocasión propicia, cogió el guante, y fijando una mirada apasionada en la pobrecilla niña, lo llevó a su boca y lo apretó contra sus labios.
—¡Oh, Conchita —dijo—. ¡Si el guante fuese tu boca, no cambiaría mi dicha por la de los ángeles!

---

[6] Palabra de cariño.

Las fibras de la joven se estremecieron con una emoción deliciosa; su cuerpo se inclinó temblando sobre el brazo de su amante que estaba apoyado en la misma silla; su corazón latía con fuerza; todo era temor y delicia en ella... Claudio acercó su cabeza a la de Conchita, poniendo ligeramente sus labios en su garganta, y pronunció en voz baja algunas palabras que pusieron encarnada a la muchacha, la cual, bajó la cabeza, repitiendo muchas veces no, no.

Claudio insistió con señales evidentes de impaciencia y de arrebato que la espantaron sin duda a ella, porque volvió a exclamar.

–No, no amor mío.

–Bien, quedo consentido en ello –respondió Claudio levantándose antes que ella se retractase.

En aquel momento llegó un joven de cabellos crespos, y de cejas espesas y negras, cuyo rostro enrojecido por el sol, no carecía de expresión.

–¿Sabes que hemos perdido nuestra vaca? –le dijo a Claudio.

–Paciencia, querido.

–A lo menos si eres desgraciado al juego, no lo eres en el amor, ¿qué decís de esto, señorita?

La muchacha se puso encarnada, y con un tono entre turbado e infantil, le respondió:

–¿Vais a empezar ya con vuestras gracias?, ¿y de cuánto era la vaca?

–De nada más que de veinte onzas.

–Manolito, una palabra —dijo Claudio, y llevándose consigo a su amigo, se pusieron a hablar a un extremo de la sala.

Nuestro héroe tenía uno de esos caracteres comunicativos que prefieren el placer de contar sus buenas aventuras al placer de gozar de ellas, y al instante dio parte a su amigo de la conversación que acababa de tener con Conchita, y del plan que iba a poner en práctica para abusar de su inocencia.

–¿Y crees tú que ella será bastante tonta o bastante confiada para fiarse de ti?

–Eres un imbécil, camarada.

–Es posible, pero me cuesta trabajo creer que ninguna mujer se preste a ser víctima de tu astucia.

–Parece que no sabes que la muchacha se ha criado en el campo; que no ha visto el mundo sino en las Pascuas de San Marcos, y que cree que me voy a casar con ella. Además soy perfectamente recibido en la casa; ven en mi un pretendiente, y por consiguiente me adulan; en fin, los padres me han obligado a aceptar su hospitalidad estas Pascuas, y vivo en su propio cafetal. Es verdad que me vigilan terriblemente; pero para el amor y el diablo no hay cerraduras.

–Pues harás muy mal si la pierdes, porque es cándida y bonita como una estrella. Aun creo que voy estando un poco enamorado...

–Pues a ella, amigo mío, después que yo. Te cederé mis derechos, y aun si quieres, para que veas si soy generoso, hazte mi rival desde ahora...

–No, porque no vengo de *casaca*, y luego tu tienes una ventaja sobre mí, vives en su casa... y vamos a ver, ¿qué harás si descubren la intriga?

–Primero haré por ocultarla, y si luego la descubren poco me importa... pero mira, Manolito, ahí está Carmen Marena con su marido.

–Sí, ya la veo desde aquí. Y el marido coloca a su mujer justamente al lado de Conchita... Helo aquí que se dirige hacia nosotros.

–Tanto mejor. Me servirá de pretexto para no acercarme a la niña. Así como así, ella es muy caprichosa, y podría haber mudado de intención. Escucha, Manolo, cuando llegue la contradanza, saca a bailar a Conchita; no quiero acercarme a ella, porque si vuelve a vacilar, no tendré tiempo de convencerla.

No bien había dicho estas palabras cuando se le reunió el capitán Marena, hombre robusto y endurecido en el servicio, cuyo aire brusco anunciaba más bien la vida de las guarniciones, que las costumbres delicadas de la sociedad.

–Buenos días, Claudio –dijo abrazando a nuestro héroe–, y tú, gran pícaro –añadió, dando una palmada en el hombro a Manolito–. Apuesto a que estáis combinando algún ataque imprevisto.

–No, estábamos pensando en ir mañana a comer al cafetal de don Tadeo. ¿Vendréis, capitán?

–No faltaré. Don Tadeo es hombre que sabe tratar a sus amigos Iré con mi mujer. ¡Ah! y ¿tendremos monte?

–Pues ya se ve.

En esto sonó la música, y cada uno se fue a buscar a su pareja. Manolito se fue hacia Conchita, mientras Claudio trataba de desembarazarse del tenaz capitán; pero en vano; tuvo que aguantar una porción de preguntas.

—¿Queréis hacer una vaca conmigo?
—Ya he perdido una.
—¿De cuánto?
—De veinte onzas
—Pues bien, dadme dos, y os desquitaré.
—Allá van —dijo Claudio, dándole las dos onzas.
—Ya veréis cuanto oro traigo —respondió el capitán y desapareció.
—¡Maldito monte! ¡Insoportable capitán! —murmuró Claudio entre dientes—. Mejor haría en cuidar de lo suyo; pero ya se ve, un jugador sin dinero no está obligado a guardar a su mujer.

Dicho esto dio una vuelta por la sala; pasó por delante de Carmen, la saludó sin acercarse a ella por temor de Conchita, a quien necesitaba contemplar, y colocándose detrás de los bailarines, aprovechó todas las ocasiones de pasar Conchita junto a él para decirle algunas ternezas. Una vez pudo ella decirle:

—¿Por qué no has querido bailar conmigo, Claudio? Estoy tan fastidiada...

—¡Conchita, mira! un pesado me ha estado dando conversación y... pero no estés tan seria con mi amigo, que te quiere mucho, y me pidió que le dejase bailar contigo esta contradanza.

—¡Ah, Claudio! ¡Si vieras qué dudas y qué temores me asaltan! Es preciso que hablemos después, ¿lo oyes?

Pero Claudio había desaparecido de su lado.

Impaciente por retirarse, había ido a la mesa de juego, donde estaba seguro de encontrar a don Antonio Pacheco, para decirle que su mujer deseaba dejar el baile. Don Antonio, que acababa de perder dos vacas de veinticinco onzas, y que quería aún volver a tentar fortuna, recibió al mensajero de muy mal humor. Pero su deferencia hacia su mujer era tal, que guardó su dinero en el bolsillo y arrepentido, sudando y murmurando entre dientes algunas maldiciones, siguió a su amigo.

Todo el mundo dejaba el baile, volantas y caballos se pusieron en camino a la vez, alumbrados por las estrellas que brillaban al través de los naranjos y de los limoneros que rodeaban el camino. Las bromas, las apuestas y las carcajadas se cruzaban en el aire, y venían a mezclarse con el débil sonido quejoso de los totís, que refregaban las hojas con sus alas, y parecían quejarse de haber sido despertados antes del día. Pero al paso que las volantas iban desapareciendo a derecha o a izquierda al través de los *guardarrayas* de palmeras que conducían a cada cafetal, la alegría y el bullicio iban haciendo lugar al silencio. Cuando cada cual se encontró aislado en su solitaria casa de campo, recordaría probablemente las proezas y hazañas de los famosos bandidos que infestaban la isla. Los hombres prepararían sus espadas, y las mujeres rezarían el rosario hasta la hora de cenar y acostarse.

Sólo Conchita no había tomado parte en esta noche de la alegría ni del temor de sus compañeros de viaje. Preocupada, temerosa, arrepentida y débil, su corazón no bastaba a contener las emociones que la agitaban. Apenas llegaron al cafetal de Don Antonio, se sentaron todos a la mesa; pero Conchita no probó un bocado. Sus ojos humedecidos brillaban como dos estrellas en medio de un cielo azul, sobre la sombra gris que las fatigas y las emociones de la noche habían extendido alrededor de su órbita. La palidez de su rostro, con cierta mezcla de melancolía y espanto a la vez, daba a su belleza un encanto indefinible e interesante; sus ojos no buscaban los de Claudio o por mejor decir, parecían huir de encontrarse con ellos y fue preciso que doña Catalina la instase muchas veces a descansar para que ella se determinase a marchar a su cuarto.

Temeroso Claudio de una nueva explicación con su querida, se retiró tan luego como acabó de cenar. Apenas Conchita se encontró sola en su cuarto, se encerró en él con la esclava que la servía, y enteramente distraída y preocupada, se dejó desnudar maquinalmente. La negra, que estaba de acuerdo con Claudio, procuraba averiguar los afectos que combatían el corazón de su señorita, y al quitarle las flores que adornaban su cabeza, entabló con ella la siguiente conversación:

–¿Su merced ha bailado mucho, niña?
–Alguna cosa.
–Con el niño Claudio, ¿no es verdad?
–Con otro también...
–¡Cómo la quiere el niño Claudio a su merced!
–Y ¿cómo sabes tú eso?
–¿*Auja*, con que todo el día no me está preguntando por su merced?
–¡Ah, Dios mío! –exclamó la niña como si despertase de un sueño–. Me estoy despeinando, y él debe venir aquí; cógeme pronto el pelo, Francisca.
–¿Con que le habló a su merced, niña?

–Sí, me habló; pero no vayas a decirlo a nadie.
–¿Qué voy a decir, niña?
–Pero... Yo no sé... Tengo miedo de estar con él sola... no por él, sino porque si papá lo supiera.... ¡Ojalá le hubiera dicho que no, que no! Al pronunciar estas palabras la pobre niña se arrojó en una silla como muerta. Al menor ruido que creía escuchar, se estremecía con un movimiento convulsivo; su cuerpo se levantaba en la silla como tocada de la electricidad, y hacía señas a la esclava para que fuese a abrir; pero ésta, que sabía cuál era la señal verdadera, no se inquietaba y fingía no comprenderla. En fin, se oyeron pasos en el corredor, y después tres golpes dados de quedo, y por intervalos, en la puerta. Sobrecogida de terror al oírlos, la muchacha se levantó precipitadamente, y andando de puntillas se puso delante de la negra, y sujetándola con fuerza las dos manos: "No, no" –la dijo con voz ahogada; pero la astuta negra, mientras la separaba con una mano, abría con la otra al amante, y la pobre niña, falta de fuerzas y de voluntad, volvió a caer en la silla, temblorosa y fría como un hielo.

Si se fuera a buscar en la tierra un lugar para el paraíso, se le colocaría en el valle de San Marcos. Allí se encuentran reunidas bajo el más hermoso cielo del mundo las bellezas sublimes de la naturaleza y las bellezas estudiadas del arte. No son bosques primitivos, ni ríos sin nombre, ni prados solitarios lo que van a buscar allí: es una naturaleza graciosa y magnífica a la vez. Se ven multitud de casas encantadoras cercanas las unas de las otras, y más allí infinidad de cuadros de cafetales dispuestos en líneas regulares, cuyas formas graciosas, cuyas hojas lustrosas y, de un verde suave que encubren una multitud de granitos encarnados que brotan por todas partes, forman un conjunto armonioso y encantador. La coquetería, el esmero, el lujo reinan en aquellas viviendas rodeadas de jardines magníficos. Allí se encuentran reunidas todas las maravillosos vegetales de Oriente y de Occidente: las hojas, los frutos y las flores más raras y más extrañas se ofrecen por dondequiera a los ojos maravillados del espectador, que se para a cada paso a admirar tantas bellezas. Un botánico tendría mucho que hacer aquí: en una parte se agrupan el índigo, el cocotero, el alcanforero, el árbol del pan, el algodonero; más allá la vainilla extiende sus frutos sobre un cuadro de fresas; el tamarindo se apoya sobre un cerezo; el canelo crece a la sombra de una encina; todos ellos dominados por otros árboles gigantescos que cubiertos de musgo y de enredaderas, tienen suspendidas a sus viejos troncos muchas generaciones de angarilla, guacalote, campanilla, caramagüey, y de otras infinitas plantas que no recuerdo. Todas estas magnificencias se hallan reunidas en un espacio de veinticinco leguas. Las propiedades están separadas entre sí por guardarrayas de dobles y triples columnatas de palmeras, cuya elevación, valentía y majestad hacen latir el corazón de admiración y alegría.

La parte de la isla que acabo de describir es la única que posee buenos caminos; y cuando se recorre esta continuidad de propiedades, donde el lujo de la naturaleza despliega sus riquezas iluminadas por el sol de los Trópicos; cuando al deslizarse en uno de estos carruajes ligeros del país se respira la fresca brisa de la tarde cargada con mil perfumes desconocidos, se siente uno acometido de un vértigo, y embriagado en inexplicables deleites y en elevados pensamientos.

A una de estas encantadoras habitaciones era donde don Tadeo Núñez, había convidado a la sociedad de San Marcos para el día siguiente del baile que acabo de describiros. Su cordialidad, su buen humor y su hospitalidad franca y cómoda, hacían muy agradable este convite.

En una galería sembrada alrededor de flores y pirámides de sandías y de ananás, la familia de don Tadeo recibía desde por la mañana a las señoras a medida que iban llegando. Ningún hombre venía acompañándolas; la riña de los gallos los tenían reunidos en otra parte, donde se entregaban a las emociones de la lucha, de las disputas y de las apuestas.

Uno solo, aunque muy aficionado a esta clase de diversión, no había concurrido a ella aquel día. Era don Claudio que llegó en un quitrín con el padre de Conchita, la cual acompañaba a su madre en otro carruaje. Las señoras se apretaron el brazo, y se abrazaron, según costumbre del país. Lucía, una de las hijas de don Tadeo, se acercó a Conchita: "¡Ah, muchacha –dijo– qué pálida estás! sin duda no has dormido bien esta noche ". Aquella muchacha no sabía el mal que hacía. Las mejillas pálidas de la pobre joven se volvieron encarnadas. "Yo –dijo ella–. Sí, tú... –¡No, es que me duele un poco la cabeza ... !" Y su turbación encendía el carmín de su rostro.¡Gracias a Dios, que te han salido ya los colores. Parece que mi conversación te ha curado, china mía!".

Este diálogo, que llamó la atención de las demás señoras, aumentó más y más la turbación de la niña, que temblaba a la idea de que su semblante hubiese de revelar su secreto, y sus ojos llenos de lágrimas parecían implorar compasión.

La buena de doña Catalina, viendo la indisposición de su hija, y atribuyéndolo a un motivo cualquiera:

–Vete al cuarto de Lucía, hija mía –le dijo–, y desabróchate un poco el vestido, pues quizás te apriete demasiado.

–Sí, ven, Lucía. Y pasándole el brazo por la cintura se la llevó fuera de la galería.

–¡Qué tímida es! –dijo la madre, cuando las dos se alejaron.

–¿Qué edad tiene? –preguntó don Tadeo, sentado en una mesa, mientras que barajaban las cartas.

–En el mes de mayo cumplirá quince años.

–¡Oh, para su edad está muy hermosa y muy crecida!

En este momento oyeron una volanta que se acercaba.

–¿Quién es? –preguntó doña Catalina.

–Es el capitán Marena y su mujer –respondió una joven que, colocada sobre la macetilla de la escalera que conducía al jardín, se entretenía en anunciar los que llegaban.

–¡Hola! –exclamó Claudio–, están ahí ya...

Y de un brinco se encontró en la puerta para dar la mano a Carmen Mareno.

–¡Qué buena centinela hacéis, amigo mío! Pero esta vez tengo malas noticias que daros: ¡las dos onzas se han perdido! exclamó el capitán antes que el coche hubiese parado.

–En buena hora; pero al menos me concederéis el desquite de dar la mano a la señora –dijo Claudio, acercándose al quitrín y apoderándose del brazo de doña Carmen.

–Nada más justo que rendir las armas a la belleza; ésta es ya para mí una plaza conquistada.

–Y tal vez sea la que os hace más honor, capitán.

Al decir estas palabras, Claudio apretó la mano de Carmen, que respondiéndole con una sonrisa, entró en la galería.

–¿Sabéis que esto está muy fastidioso? –dijo el capitán a Claudio apenas hubieron llegado–. Procurad organizar un montecito... Y vamos a dar un paseo, que el sol esta entoldado.

–Vamos a dar un paseo.

–¡Ah, camarada, vais teniendo miedo al montecito!...

—¡Quién! ¡yo, no! Pero ya tendremos tiempo de jugar más tarde... Señora —dijo Claudio mirando a Carmen—, ¿queréis aprovechar esta nube para dar un paseo?

—¡Vamos, vamos!

Y todo el mundo se puso en movimiento para ir al *Prado de las cotorras*. El capitán, queriendo hacerse el amable, se ofreció servir a las damas de cicerone.

—¡Hola! —exclamó éste alegremente— parece que hacéis hoy las veces de teniente mío.

—Nada más lisonjero que estar a vuestras órdenes, mi capitán.

Y diciendo estas palabras, tomó Claudio la delantera, llevándose consigo a Carmen Marena.

La guardarraya por donde se adelantaban estaba rodeada de dos filas de palmeras reales, alternadas de trecho en trecho con naranjos tan cargados de azahar, que el suelo estaba tapizado de él, y el aire embalsamado en su olor. Al pie de los árboles había pequeños arriates sembrados de brujas y de cactus en flor. Cuando Claudio llegó con Carmen al fin de la calle habían perdido de vista el resto de paseantes. El sol había vuelto a aparecer, y como el calor era tan grande, entraron en un bosque de cañas bravas, a donde iba a parar la guardarraya, para esperar a la sombra la llegada de sus compañeros.

Las cañas bravas son unos bambúes gigantescos que nacen de una raíz común, y se elevan hasta veinte o treinta pies de altura. Cada caña empieza por un diámetro de dieciocho a veinte pulgadas y se va adelgazando por grados hasta una sutileza extremada y guarnecida de una cabellera de hojas largas y estrechas, entrega sus penachos al viento, balanceándose sobre los más grandes árboles. Este vigor tan prodigioso en el pie de la planta mezclado con tanta flexibilidad, gracia y osadía, es una circunstancia muy característica de este país.

Habiéndose quitado el sombrero y resguardado su rostro de los rayos del sol con los mismos bucles de sus negros cabellos, que flotaban sobre sus mejillas, se sentó Carmen en la lisa corteza de una caña caída, sirviéndole de quitasol los penachos flotantes de los gigantescos bambúes que crecían a su alrededor.

—¡Qué sitio tan delicioso! —le dijo a Claudio.

—Sí, respondió él; al lado de una mujer amada, es un verdadero paraíso.

—Pronto podréis gozar de él con vuestra prometida...
—Mi prometida... ¿Quién es?
—Dicen que Conchita.
—Es falso, señora: jamás he pensado en ello.

Carmen suspiró, y Claudio repuso:

—No sois dichosa, Carmen: vuestro marido no es el hombre que puede hacer vuestra dicha.

—Os engañáis; nadie me ha obligado a casarme con él.
—Con todo, le creo incapaz de apreciaros en lo que valéis.
—Al menos hace todo lo que puede para hacerme dichosa.
—¿Y qué hombre no haría lo mismo? En cuanto a mí, os aseguro que daría mi sangre y mi vida por la felicidad de agradaros un solo día.

Carmen se puso colorada, y levantándose:

—He aquí a mi marido –dijo–; y adelantándose hacia la entrada del bosque, presentó su mano al capitán, que llegaba con los otros paseantes, preguntándole con una alegría afectuosa si estaba cansado.

—Un poco en verdad; pero tú debes estarlo más, pues has venido a paso de batalla. Además hace calor; el prado de las Cotorras está aún muy lejos, y creo sería mejor volvernos para jugar nuestra vaca, Claudito.

Este parecer fue aprobado por todo el mundo, y se pusieron en camino para volver a la casa, rodeando el bosque de las cañas bravas. Al volver un sendero, Carmen, el capitán y Claudio se encontraron los primeros delante de un bohío de *yaguas*, habitado por un negro encargado de guardar un paso. El viejo africano estaba cubierto de andrajos y puesto en cuclillas cerca de una lumbre de *bejucos*, en la cual estaban puestos a asar una porción de plátanos. Apenas vio acercarse a los paseantes se puso en pie, y enderezándose cuánto pudo, se adelantó con su gorra de paño encarnado en la mano y su cachimba (pipa) en la otra, y haciendo un esfuerzo para arrodillarse, dijo:

—La bendición, mi ama.
—Dios te guarde –le respondió Carmen.
—¿Su melsé dará pa tabaco a nego viejo, mi ama?
—¿Para tabaco, taita viejo, o para aguardiente?
—A mí no bebe aguaniente, mi ama.
—Ten, taita, y haz con ello lo que quieras –dijo Carmen, dándole algunas monedas.

–Eso me toca a mí –dijo Claudio poniendo un peso duro en la mano callosa del negro.

–Yo también tengo el derecho de hacer una buena obra –replicó Carmen, echando su limosna en la gorra del negro.

El viejo trató de arrodillarse, y no pudiendo doblar sus articulaciones, puso las manos en tierra, después las rodillas, y repitió muchas veces: "Dios se lo pague, mi ama, Dios se lo pague".

–Buena limosna ha recogido el taita –dijo el capitán–. ¿Qué hará con ese dinero?

–Yo lo sé – dijo Lucía, la hija de don Tadeo–, lo echará en una botija que tiene enterrada debajo de la cama.

–¡Vive Dios! exclamó el capitán–. ¡Con que a don Tadeo, que es el heredero presuntivo del negro, es a quien acabamos de dar limosna!

Las otras señoras no tardaron en llegar, y todos se encaminaron hacia la casa.

La primera persona que se presentó a los ojos de Claudio al entrar en la sala, y dando siempre el brazo a Carmen, fue Conchita hablando con Manolito junto de la puerta. Apenas lo vio ella, cambió de color; sus ojos estaban húmedos y abatidos; todo anunciaba en ella la vergüenza y la pasión. La conducta de su seductor había lastimado su corazón cándido e inocente. Por primera vez se presentaban a sus ojos el aspecto de la corrupción y los peligros de la vida, y esto a sus propias expensas y por consecuencia de una falta irreparable, acompañada del dejo amargo de los remordimientos y de los celos. Comprendía ella que sólo una reparación podía salvarla; pero la conducta de Claudio le hacía dudar de su honor, y su delicado instinto de mujer le decía, a pesar de su inexperiencia, que Claudio no tenía elevación de alma. Sin embargo, al legarle su estimación, no podía quitarle su amor y su destino. En su humillación temía tanto a la sociedad como se temía a sí misma; en todas partes se figuraba encontrar miradas escudriñadoras; las bromas de Manolito, los cariños de sus amigas, las importunidades del capitán, la alegría indiferente de todo el mundo, la lastimaban y la entristecían más y más. Hizo, pues, el propósito de no volver a presentarse en el mundo sino como mujer de Claudio. Su conciencia la castigaba con castigos más severos que los de la opinión pública; conocía que le sería más fácil soportar la crítica de los demás que su vergüenza a sus propios ojos, y encontraba en su falta la experiencia que su educación no le había permitido adquirir.

A Claudio no le faltaba talento; pero estaba bien lejos de comprender los sentimientos de Conchita; para él la virtud consistía en el arte de ocultar el vicio. Al ver la agitación dolorosa de la joven, la atribuyó únicamente a celos y acercándose a ella trató de consolarla con los obsequios y las atenciones que le hacían tan peligroso, y cuya eficacia era infalible sobre la pobre niña. Las facciones de ésta se animaron; su mirada se serenó y la alegría de su edad volvió a aparecer por algunos momentos en ella. Llegó la hora de comer, se sentaron a la mesa, y al segundo servicio se fue animando la conversación: los unos cantaban las proezas de los gallos, los otros hablaban de la cosecha de aquel año; éstos del baile, aquéllos del monte; se leyeron poesías, se improvisaban décimas, todo el mundo hablaba a la vez cuando don Tadeo pidió la palabra.

–Señores, un buen proyecto para mañana: ¿queréis venir a la *laguna de Piedra*?

–Bien, bravo –exclamaron todos a la vez–. ¿En volanta o a caballo? –preguntaron algunos.

–Todos a caballo –replicó el capitán.

–¡Buena idea!

–¡Qué locura!

–¡Bien, bien!

–¡Imposible!

–Una palabra más –gritó el dueño de la casa–: cada uno como quiera.

–Viva, viva. –Y la partida quedó acordada.

A poco se separaron para prepararse al baile de la noche.

–Conchita, vamos al baile –dijo doña Catalina a su hija, que triste y pensativa no se meneaba de su asiento.

–No, mamá; prefiero volver a casa; me duele mucho la cabeza.

–¡Cómo! ¡Conchita! –exclamó Claudio, que había escuchado estas ultimas palabras–, ¿me abandonas?

–¿Irás tú al baile? –replicó la joven.

–No podría faltar sin comprometerte.

–Bien, haces bien, diviértete.

–Pero tu indisposición no te impedirá recibirme esta noche.

–Claudio –exclamó la joven con las mejillas y los ojos encendidos–, tú has abusado de mi inocencia, y esta falta exige una reparación. Y no pudiendo soportar su propia energía, añadió con una voz muy conmovida: ¡ingrato! Sus ojos se llenaron de lágrimas, y Claudio permaneció silencioso mientras la joven se salía de la sala pretextando una indisposición. No tardaron en marcharse los dos, ella al cafetal de su padre y él al baile.

–¡Camarada! –dijo Manolo a su amigo luego que le vio, me parece que la muchacha está triste y tú no muy contento.

–No tal sino que empiezo a temer sus exigencias; se cree ofendida, y verdaderamente no sé qué hacer.

–¡Vive Dios! ¿y creías tú que la niña se satisfaría con todo lo que tú le dijeses?...

–¡A fe mía! Voy ya creyendo que su tristeza no es más que un artificio para obligarme a casarme con ella, y que tan niña como es, sabe ya calcular; pero es en balde, y, si se enfada, ahí está Carmen para reemplazarla.

–¿Sabe usted, compadre, que se ha aprovechado de su educación parisiense? ¡Caramba! no estamos tan adelantados por aquí. En fin, puede ser que te salga bien.

–Ya verás como la traigo a la razón. Conozco a las mujeres, y para sacar partido de ellas no hay que mimarlas. Por otra parte, no estoy muy mal con que ella no vaya al baile, y aun deseo que no sea mañana la partida. Tengo proyectos...

Al concluir estas palabras entró en el salón de baile, y pasó gran parte de la noche haciendo la corte a Carmen, mientras el bueno del capitán tentaba la suerte en la mesa de juego.

Carmen Marena, hija de un empleado español, había nacido en la Habana, pero habiendo sido llamado su padre a España, se la llevó a Cádiz todavía muy niña. Carmen tendría apenas quince años, y ya habían solicitado su mano muchos pretendientes. Sin embargo, no era rica; su fortuna consistía en una pequeña propiedad que su padre había comprado en Cuba con sus ahorros; pero era muy graciosa, tenía las manos más bonitas del mundo, y sobre todo un atractivo indefinible más poderoso que la belleza misma. Su padre la había dejado en completa libertad para disponer de su mano; y aunque el capitán era el menos seductor de sus pretendientes, como estaba retirado del servicio y era el único que por su posición independiente podía establecerse en la Habana, la joven, que amaba mucho su país, le dio la preferencia con esta condición.

Carmen se había criado en Cádiz: con una tía suya, vieja, muy alegre y muy dada al mundo, que no queriendo someterse a los cuidados que exigía la educación de su sobrina, y envanecida además con la belleza que iba mostrando, la llevaba a todas partes, y se valía de ella para hacer desear su presencia en las tertulias. Los malos ejemplos y el espectáculo continuo de una mesa de juego, con las libertades y groserías que son consiguientes, no fueron bastantes para corromper el corazón de Carmen. Su aturdimiento y su extremada juventud le sirvieron de escudo contra el peligro; pero no pudo aprender a domar sus pasiones ni a mirar como faltas acciones que había visto cometer como buenas. Carmen podía hacerse culpable sin dejar de ser inocente.

A la mañana siguiente todo era bulla en casa de don Mateo. Todos acudieron a la hora fijada excepto Conchita y su madre. Claudio llegó el último con el encargo de excusar a estas señoras, y la partida se puso en camino, unos a caballo y otros en carruaje.

Carmen montaba un soberbio caballo que Claudio le había prestado. Su vestido de amazona realzaba la ligereza y la gracia de su cuerpo, y su rostro estaba embellecido con la esperanza del placer; su nariz afilada, sus grandes ojos garzos y brillantes estaban sombreados por grandes rizos de un cabello negro como el ala del cuervo, y resguardándose del sol con un velo de gasa que ondeaba en el aire, desafiaba en hermosura a la más bella de nuestras mariposas. Claudio caracoleaba no lejos de ella en su caballo favorito, traído a gran costa de Inglaterra. Su habilidad en manejarlo, la flexibilidad de sus movimientos, la enérgica destreza que desplegaba para reprimirlo, hacían la admiración de todos, y especialmente de las mujeres, cuyo corazón palpitaba cada vez que el ardiente corcel quería saltar por los matorrales. Pero el jinete más brillante era el capitán Marena. Oficial de infantería, su pasión por la equitación estaba en razón inversa de su profesión; acomodado en un caballo de la *estancia*, tan duro de paso como de boca, era una curiosidad el verlo querer trotar a la inglesa con el cuerpo echado hacia adelante, balanceándose de pies a cabeza, y saltando en la silla a cada paso. A veces se hallaba muy cerca del suelo; pero su afición se gozaba en estos lances, y era la persona más feliz de cuantas iban allí.

La cabalgata caminaba alegremente por un camino muy estrecho rodeado de limoneros y palmeras.

Aunque hábil y atrevida, a Carmen le costaba trabajo contener su caballo, cuyo ardor natural estaba excitado por las infinitas abejas que acudían al azahar de los limoneros, cuando al pasar por delante de una palmera, se desgajó una yagua (pedazo de corteza de la palmera) y cayó al suelo. Asustada Carmen, volvió las riendas al caballo; pero la sacudida casi la sacó de la silla, y habiendo soltado las riendas para volver a acomodarse, el caballo, que se sintió en libertad, echó a correr a gran galope. Las señoras se pusieron a gritar, los caballeros a correr, y el animal, espantado por el ruido y excitado por la carrera de los demás caballos, se puso al escape. La confusión y la estrechez del camino impedían a los que estaban detrás correr a socorrer a Carmen, cuando Claudio, entrándose por la puerta de una cafetería, lanzó su caballo por junto a la guardarraya paralela al camino, y adelantando bien pronto al escapado animal, tomó espacio con su caballo, le metió las espuelas, y saltó la guardarraya; pero las piernas del animal se enredaron en los nopales, y el jinete fue a caer al otro lado del camino. Claudio se levantó con suma ligereza, y se encontró en medio del camino a tiempo en que el caballo de Carmen se había parado de espanto al verlo. La violencia del sacudimiento lanzó a Carmen fuera de la silla; pero Claudio llegó a tiempo de recibirla en sus brazos.

—Gracias —le dijo ella y se desmayó.

Todavía no la había puesto en tierra cuando llegó asustado el capitán, y arrancándola de los brazos de su libertador, exclamó con voz lamentable: "¡Ay, prenda de mi alma! ¡qué peligro has corrido!" Y estrechándola contra su corazón, la colmaba de caricias, y lloraba como un niño.

—No es nada, no es nada, capitán —repetían todos a su alrededor—, dejadla respirar.

En efecto, no tardó en volver en sí, y la alegría fue entonces general; pasado el primer momento de efusión, se fijó en Claudio la atención de los concurrentes.

—Es necesario coronarlo.

—Sí, sí, vamos a coronarlo —gritaron todos.

Sentada junto al tronco de un árbol Carmen se sonrió deliciosamente a la vista de tal escena. Había leído en su infancia libros de caballería, y su imaginación viva y ardiente la transformó al momento a sus propios ojos en una heroína de la Edad Media. Tejida la corona, toda aquella ale-

gre concurrencia fue a donde estaba Carmen, y agarrando una muchacha de la mano al caballero, y haciéndole hincarse de rodillas,
—Es justo —dijo— que la belleza corone al valor.
Levantóse Carmen, y con fisonomía satisfecha y miradas dulces y acariciadoras:
—Caballero —dijo poniéndole la corona en la cabeza—, sea Ud. siempre fiel y valeroso,
Estas palabras fueron seguidas de aplausos y aclamaciones. A pesar de su carácter alegre, el capitán no tomaba parte en el regocijo general. Colocado detrás de su mujer, le era insoportable aquella escena en que ésta se encontraba bajo la protección de otro; y no pudiendo contener su mal humor:
—Si yo hubiese tenido un buen caballo como vos —dijo cuando se hubo apaciguado el tumulto—, mi mujer, señor don Claudio, no hubiera tenido necesidad de vuestro socorro, y si vos no le hubieseis prestado un caballo de todos los demonios, tampoco hubiera corrido ningún peligro.
Semejante ingratitud hacia su libertador hirió la susceptibilidad de Carmen que, después de haberse puesto colorada, redobló las muestras de agradecimiento hacia Claudio para hacerle olvidar la injusticia de su marido.
—¡Cuánto os debo! —le dijo cuando se disponían a marchar...— ¿Y ese pobre caballo? —añadió mirando al pobre animal, tendido en el camino...
—Antonio — dijo Claudio a su criado—, levanta ese caballo.
—Mi amo —respondió el negro—, está muerto.
—¡Dios mío! —exclamó Carmen—, y ¡por mí!...
—Hay un hombre que haría otro tanto por vos —le dijo Claudio ayudándola a montar. Pero el capitán, temiendo una nueva contingencia, se acercó a su mujer, la agarró por el brazo y la metió en una volanta.
Claudio montó el caballo de Carmen, y no pudiendo contener un suspiro al mirar al otro noble animal que le había servido tan bien, metió las espuelas, y se alejó a gran galope.
Al cabo de media hora se volvieron a encontrar todos juntos en la aldea de Manias, donde acaban los cafetales y comienzan las sabanas de *Guanacayo*. Los que venían a caballo y los que venían en carruaje se bajaron de sus volantas y de sus cabalgaduras, y empezaron a correr por aquellos campos entre flores salvajes, bejucos parásitos y plantas aromá-

ticas. Los insectos, las majas [6] y las mariposas de mil colores se espantaban con el ruido; los unos se deslizaban sobre la yerba, mientras los otros desplegaban en el aire sus alas doradas, huyendo todos de aquella irrupción que turbaba sus solitarias moradas, llenando el aire de silbidos y de susurros. Bien pronto se descubrió a lo lejos la *laguna de Piedra* que, como un inmenso espejo, se extendía en medio de esta llanura. La abundante pesca que encierran sus aguas atrae a los pescadores de muchas leguas a la redonda, cuyas canoas se ven atadas en gran número a la orilla. Una multitud de pájaros preciosos y adornados de los más brillantes plumajes habitan en las orillas de este lago por la frescura del agua; los chambergos, las cotorras, los cardenales y los totíes baten sus alas por todas partes, picoteando, bien las ondas del lago, o bien las gotas de miel que penden del cáliz de alguna flor de alga o de aguinaldo

En medio de estas incultas praderas se elevan de trecho en trecho bosques encantadores de floridos arbustos, donde la rosa del mar pacífico se enlaza al balador y la flor de nácar al mate y a la pitahaya, formando grupos en medio de la sabana, como si quisiesen comunicarse la frescura y la sombra de sus anchas hojas en medio de aquella ardiente llanura. En uno de estos bosques, habitados por pájaros moscas, fue donde después de haber colocado sobre la yerba los almohadones y los *tapacetes* de las volantas y las sillas de los caballos, se reunieron todos los convidados de don Tadeo bajo una tienda sujeta a los árboles y construida por orden de su huésped.

Servido el desayuno se pensó en jugar, y habiendo extendido un *tapacete* en el suelo, hombres y mujeres se sentaron alrededor de aquella mesa, y se entregaron a todas las emociones del juego, mientras que el capitán, aun sabiendo que se jugaba, se entretenía en espantar los pájaros de los alrededores. Claudio le preguntó a Carmen si no jugaba, y habiéndole contestado ésta que su marido se había llevado su bolso:

–Pues bien –le replicó–, jugaremos juntos; yo pondré el dinero y usted la suerte.

Entregados estaban todos al placer o al dolor de sus pérdidas o de sus ganancias, cuando apareció el capitán; pero, contra su costumbre, no quiso tomar parte en el juego. Su mujer corrió al instante a él y aunque lo encontró tan afectuoso como siempre, conoció que le disgustaba

---

[6] Serpientes grandes pero inofensivas.

interiormente la preferencia que ella daba a Claudio; así, pues, en cuanto tuvo ocasión de hablar a éste aparte:

–Claudio –le dijo–, las atenciones de Ud. pueden comprometerme; temo la penetración de mi marido, y no debe Ud. ocuparse de mí. Claudio se alegró mucho de aquella primera prueba de complicidad.

–No esperaba yo, Carmencita, semejante prueba de indiferencia –le dijo con afectada melancolía–. Toma Ud. sin duda ese pretexto para alejarme de sí.

–Bien sabe Dios que se engaña Ud., pero mi marido...

–Sí, sí, tiene Ud. razón; soy un insensato; mi vida debo yo sacrificar a su reposo, y ya sabe Ud si soy capaz de exponerla por Ud.

Carmen guardó silencio; pero una mirada penetrante y apasionada no le dejó a Claudio duda ninguna de la impresión que habían hecho sus palabras.

–Dígame usted –le preguntó ella aparentando indiferencia–, ¿y Conchita?... ¿Cuándo se casa Ud. con ella?

Este nombre turbó a Claudio, como todo lo que le recordaba a la pobre niña.

–Jamás he pensado en eso, se lo juro a Ud. Y en Ud. me admira más esa pregunta.

La incomodidad interior que revelaban en Claudio el tono con que pronunció estas palabras, tocaba en imprudencia.

–Bien –dijo ella–, no hablemos de eso.

Se alejó Claudio de allí lleno el alma de una alegría infernal al ver tan adelantado su nuevo plan de seducción, mientras el corazón de la joven se entregaba a los primeros latidos de una pasión violenta y romancesca.

Comieron alegremente después de jugar, y a la tarde se pusieron en camino.

Don Tadeo propuso a sus convidados que pasasen un día más en su casa, y todos aceptaron con alegría la proposición.

A las ocho de la mañana la negra Francisca acababa de vestir a la pobre Conchita. El balcón estaba abierto, y el sol empezaba a entrar en el cuarto a través de la cortina de lienzo rayado con flecos encarnados; y mientras le ponía el peinador de linón para arreglarle el cabello, Francisca contaba a la pobre niña todo lo que había pasado el día antes, sin omitir ninguna circunstancia.

Conchita despidió a la negra, y arrojándose en una butaca: "¡Infame! – exclamó con las lágrimas en los ojos–, ¡cómo se ha burlado de mí! ¡cómo me desprecia! ¡cómo se divierte! Él es dichoso, ese pérfido, mientras que yo estoy devorada por los celos y la desesperación. No ¡no triunfará, –añadió lanzando de sí el taburete donde tenía puestos los pies, y levantándose con el rostro demudado... –Todo se lo voy a confesar a mi madre, para que él se muera de vergüenza en su presencia".

Y diciendo estas palabras se dirigió a la puerta como loca; pero antes de llegar había cambiado de resolución y. se volvió a arrojar pálida y temblando en la butaca.

–¿Y cómo, Dios mío, he de tener valor –exclamó deshecha en lágrimas– para confesar a mi madre mi deshonra? ¡Ay, madre de mi alma!, te morirías si supieses que tu Conchita está perdida!...¡qué vergüenza, Dios mío, que vergüenza!... ¿Y mi ángel de la guarda, ¿dónde está?... –Y pasando repentinamente a otra idea–: sí, dijo, mientras yo me muero de desesperación, el infame se ríe de mi con sus queridas.

A estas palabras su indignación no tuvo ya límites, y enjugándose las lágrimas y tomando un aire resuelto:

–Ya sé lo que he de hacer –exclamó– y lo haré; él se complace en verme encerrada, llorando y sin pedir sus amores; pues bien, iré hoy a casa de don Tadeo, bailaré, estaré contenta, me reiré en presencia de esa infame, le diré a todo el mundo quién es la querida de Claudio, y si es menester le pegaré una bofetada a esa pícara.

En seguida se recogió los cabellos, se ató el cordón del peinador, y entró en la sala donde su familia y Claudio la esperaban para almorzar. Delante de él, y con aire muy tranquilo, dijo Conchita a sus padres que quería ir a casa de don Tadeo. Asombrado e inquieto con una resolución tan repentina, Claudio quería adivinarle el motivo en los ojos, cuyas terribles miradas no dejaban de atormentarle el corazón; pero disimuló, según su táctica, y acabó de indignar a la niña con su aire ofendido y, desdeñoso.

Empezaba la fiesta cuando llegaron a casa de don Tadeo, y el ruido de la música y la alegría de los bailarines esparcían la animación por todas partes.

Conchita entró, se acercó con aire vivo a sus amigas saludándolas con efusión y volubilidad, y se puso en baile a la primera contradanza que le pidieron. Jamás había desplegado tanta ligereza ni tanta gracia;

jamás la elasticidad de su cuerpo había lucido tanto en los movimientos voluptuosos de la contradanza habanera; y su mirada, generalmente dulce y apagada, atraía con su fuego una corte de jóvenes asombrados de su coquetería, y encantados como siempre de su belleza. Las mujeres, con el instinto sagaz que las caracteriza, descubrieron al instante en ella alguna cosa de nuevo y de desacostumbrado.

–Mirad a Conchita –decía una muchacha de labios delgados y la voz chillona–; parece que ha perdido el juicio. Y qué mal peinada viene... y parece que no sabe lo que dice, y que escucha sin oír, y que mira sin ver.

–Ya lo había yo notado –respondió otra mujer regordeta, cuya fisonomía indicaba un sentimiento de benevolencia; ¿si estará mala?

–No –replicó otra–, sino que ha reñido con su novio, que está obsequiando a la mujer del capitán en su presencia.

–Ya, pero eso... ¡le faltarán novios a una muchacha tan bonita!

Acabada la contradanza, Conchita se acercó a saludar a Lucía.

–¿Cómo estás, chinita? –le preguntó su amiga abrazándola.

–Buena, amiga mía, ¿y tú?

–Perfectamente, y muy contenta con verte hoy alegre; el otro día estabas tan triste...

–Estaba mala, hoy no; nunca me he sentido mejor.

–Yo creí que estabas reñida con Claudio; pero si habéis hecho las amistades, te doy la enhorabuena.

–Nada de eso, no me acuerdo de él.

–¿Con qué seguís reñidos?

–Para siempre; te diré más, le aborrezco.

–Me alegro, china; francamente, le tengo por un inconstante; si le hubieses visto ayer con la Carmen Marena... por poco se mata por ella.

– Y Carmen estaba muy contenta, ¿no es verdad? Excelente conducta para una mujer casada.

En vano trataba de embromar la pobre niña; la emoción de su voz revelaba el estado de su corazón; cambiaba de color, tenía que controlar las lágrimas, y se sentía dominada por el deseo de la venganza. Su vida fue un suplicio durante aquel día. Al ver los obsequios de Claudio a su rival, más de una vez tuvo tentaciones de insultarla; pero la vergüenza y la timidez la contenían. Durante la comida, las miradas apasionadas y las atenciones que Claudio dispensaba a Carmen le partían el corazón; su pulso y sus sienes latían con una violencia febril. Un convidado compadecido de su tristeza, le ofreció una copa de vino de Champagne; ella que no lo había probado jamás, se lo acercó a los labios y lo apuró. La agitación producida por el licor aumentó el desorden de sus ideas, y el fuego que ya circulaba por sus venas. Sin embargo, en medio de la alegría general, nadie conoció el estado violento de la pobre muchacha, y lo encendido de sus mejillas, el color sanguíneo de sus ojos y sus miradas extraviadas se atribuyeron al efecto del champagne.

Las cuatro de la tarde eran cuando se acabó la comida y al momento comenzó una contradanza. Conchita, sola y pensativa en una de las extremidades del salón, se creía entregada a un sueño terrible, y no podía creer en la evidencia. Los objetos se ofrecían a sus ojos como sombras fantásticas; la música la incomodaba e irritaba sus nervios; en el delirio de su desesperación no comprendía el delirio de tantos placeres, y no veía más que dos personas sentadas al otro extremo de la sala, y que parecían absortos en una conversación deliciosa. Estas dos personas eran Claudio y Carmen Marena.

La noche había cerrado del todo; las estrellas como otros tantos soles brillaban en el firmamento, y la brisa introduciéndose en las copas de los árboles, balanceaba dulcemente unos sobre otros los penachos de las palmeras, llenando el espacio de suaves armonías. Una sombra fugitiva, deslizándose al través del guardarraya, se encaminaba hacia el bosque de cañas bravas. Pero ¿adónde se dirige en semejante hora? ¿Huye quizá del perro *jíbaro*?... ¿de la serpiente?... ¿del negro fugitivo? No, esa mujer huye de sí misma, porque va por la primera vez de su vida a violar su juramento, a buscar su deshonra. Apenas había llegado a la mitad de la alameda que formaban los árboles, cuando oyó los ladridos de un perro, y se paró temblando. Un instante después oyó también la voz del mayoral que, acompañándose con su *tiple*, cantaba no lejos de ella.

El corazón de Carmen latía con violencia. La voz del *guajiro* le parecía ser la del ángel de su guarda: un frío mortal corría por sus venas. Vaciló entonces, y aún dio algunos pasos para volver a su casa y a sus deberes; pero Claudio se adelantó rápidamente por el otro lado de la alameda, oyó ella sus pasos, y se detuvo... lo había prometido. La voz del guajiro se dejó de oír; Claudio estaba cerca de Carmen y ésta inmóvil en el lugar de la cita, temía más aún adelantarse hacia él, que volverse como lo había intentado. Arrastrada bien pronto por el silencio, el miedo y el deseo, se lanzó con presteza hacia el bosque, y desapareció en medio de las cañas bravas... pero un momento después estaba Claudio cerca de ella, cerca del árbol tronchado donde habían estado sentados la primera vez que le había hablado de amor. Carmen estaba pálida y temblorosa; su amante, respetando su emoción, y guardando el más profundo silencio, se arrodilló delante de ella, la tomó una de sus manos y la llevó a sus labios. Carmen lloraba acosada por los remordimientos; una turbación mortal se había apoderado de ella, y permanecía insensible a las caricias de su seductor; pero, éste, con tanta sagacidad como elocuencia, la hizo olvidar bien pronto los temores que la agitaban, y humedecidos y animados sus ojos por el delirio de la pasión, dejó ella caer su cabeza encantadora sobre el hombro de su amante... Un grito agudo hirió sus oídos en este momento; se volvió espantada, y vio aparecer en medio de las sombras prolongadas de las cañas bravas una mujer con el pecho desnudo y el cabello suelto, y que extendiendo sus manos gritaba con una voz que conmovía: "¡infames! ¡infames!"...

Carmen se quedó inmóvil, y su rival iba ya a alcanzarla, cuando colocándose Claudio entre las dos, y deteniendo con mano firme el brazo de Conchita:

–Huya Ud. Carmen –le dijo–, huya Ud. en nombre del cielo, si no es Ud. perdida.

¡Cómo pintar esta escena trágica que se representaba en un bosque solitario en medio de las tinieblas de la noche! Alejóse Carmen, mientras que la pobre joven hacía vanos esfuerzos para soltarse de las manos de Claudio.

–¡Cobarde, cobarde! –decía– ¡hombre villano! ¡Adónde irá que yo no la siga y la deshonre! ¡Socorro, socorro! ¡Capitán Marena; papá, mamá mía!...

–Por Dios, cállate, cállate Conchita; ¿no reconoces a tu amante? cállate y soy tuyo por toda la vida.

–Está bien, acepto –respondió la niña con un furor concentrado.

Y apenas la había soltado Claudio, cuando corriendo por donde se había ido Carmen, comenzó a gritar.

–¡Infames! a todo el mundo se lo diré, ¡infames!

Y el eco pacífico de los bosques repetía sordamente alrededor: ¡infames!...

Claudio se precipitó tras de ella, y no tardó en alcanzarla, y agarrándola en sus brazos, trató en vano de calmarla con sus ruegos y con sus promesas.

—Conchita de mi vida —le decía tan desesperado como ella misma—, en nombre de tu padre y de tu madre, cálmate... A ti sola amo yo en el mundo, a ti sola... seré tuyo, te lo juro por las cenizas de mi padre...

—Déjame —gritaba la desgraciada, haciendo por desasirse—, no quiero tu amor, te detesto... ¡socorro, papá mío!

—¡Vive Dios! —exclamó Claudio, dominado ya por la cólera, y sacudiéndole el brazo que le tenía siempre agarrado—, ¿quieres perderme, niña o demonio? ¡Maldita sea mi suerte y el día que te conocí!

Y apretándola convulsivamente entre sus brazos daba patadas en el suelo.

La niña lanzó un grito aterrador, y acaso hubiera cedido al espanto que le causaban las maldiciones y el furor de Claudio, si no hubieran sonado ladridos de perros seguidos de unos gritos prolongados que son particulares a nuestros guajiros cuando se llaman unos a otros en el campo.

—Ni... ña.. a... Conchi... ta... a... ...

Y la niña cobrando nuevas fuerza, gritó con toda su voz:

—Aquí estoy, aquí estoy.

—Cállate —le dijo Claudio—, júrame callarte... por ti misma, china, por tu honor.

—¡Mi honor, hipócrita, mi honor! tú me lo has quitado, y me has abandonado a la desesperación.

—Aquí estoy, aquí estoy.

—Hija del demonio, ¿te callarás? y le tapó la boca con la mano.

Los ladridos de los perros se hacían cada vez más distintos, y era claro que Claudio y la niña iban a ser descubiertos: recobrando ésta nuevas fuerzas, y arrebatada por una desesperación furiosa, plegaba su débil cuerpo como una serpiente para desasirse y luchaba con un ardor frenético.

Entretanto se acercaba el ruido; los perros de busca habían descubierto la pista, y se percibían ya claramente voces de hombres, entre las cuales creyó Conchita reconocer la de su padre. Entonces ya no bastó para contenerla toda la fuerza de Claudio. El sudor caía por la frente pálida del joven, y se inflamaba su respiración; pero cuando se separaba un poco la mano de hierro que tapaba sin piedad la boca de la desgraciada, se entendían a medio articular estas palabras: ¡bárbaro, bárbaro!... Claudio no estaba en sí; ardía su cerebro, sus sienes latían con fuerza; no pudiendo en fin contener a la joven cuyo furor crecía más y más, la agarró con las dos manos por el cuello, y la empujó con violencia diciendo: "¡Furia del infierno!" La pobre niña cayó sin movimiento al pie de una *yayá* como la pobre gacela herida en el corazón.

Espantado Claudio y desatentado permaneció algún tiempo inmóvil con los ojos fijos en aquel inanimado cuerpo, e inclinándose sobre él buscó algunas señales de vida. Los ojos de Conchita estaban cerrados, su rostro encendido y cubierto de sudor. Claudio acercó su boca a los labios ardientes de la joven, y buscó vanamente en ellos un soplo de respiración; tocó muchas veces sus manos heladas, y no hallaba el pulso; le desabrochó el vestido, le puso la mano en el corazón y el pecho, la encontró fría como un mármol, y la creyó muerta. Un sudor frío inundaba la frente de Claudio, y sus miradas se fijaban como las de un loco en aquella pobre criatura, cuando habiéndole vuelto en sí los ladridos de los perros que sonaban ya a la entrada del bosque, se apoderó de él un terror indefinible, y saltando como un gamo perseguido por una jauría, huyó por entre los árboles.

A medida que se alejaba precipitaba más su carrera, como si sintiese caer sobre su cabeza una mano vengadora. El murmullo de las hojas agitadas por la brisa, el zumbido de los insectos nocturnos, el leve temblor de las alas del cocuyo luminoso, y hasta el ruido de sus propios pasos le hacían estremecer y le parecían otros tantos testigos de su crimen. Había corrido ya largo espacio, cuando se encontró en un sembrado de maniguas, cerrado por todas partes con troncos de árboles, restos de un bosque desmontado; allí se detuvo, y sentándose en un cedro caído, comenzó ya más sereno a darse cuenta de su situación. ¡Dios de misericordia! exclamó juntando las manos y levantando sus ojos inflamados al cielo, ¿es un sueño, es un delirio? ¡Yo, asesino!... ¿y de quién, Dios de bondad, de quién?... de una pobre muchacha, de una niña que me amaba... Maldito amor... Maldita la hora en que la vi por primera vez... La sangre se me hiela en las venas... un peso me oprime el corazón... yo me ahogo... Y luego proseguía: ¡Yo castigado como asesino, yo criminal!... ¡Dios mío, tú sabes que no he tenido intención de matarla!... ¡ella ha sido, ella sola!... Y salió de sus ojos un torrente de lágrimas. – ¡Desgraciada! añadió con voz interrumpida; tan niña y tan hermosa... yo soy tu seductor y verdugo... no, no podré soportar este remordimiento... quiero volver a ver tu cadáver, confesar mi crimen delante de él y sufra yo el castigo que merezca.

Tomada esta resolución, se levantó como un loco, y se encaminó a largos pasos hacia la casa. Estaba ya cerca de ella, cuando oyó cerca de sí una voz que le llamaba diciéndole "niño Claudio, niño Claudio". Su preocupación no le había dejado oír a la persona que le llamaba y que corría tras de él hacía algunos momentos; la sangre se le arrebató al corazón, y se estremeció como si la voz le pidiese cuenta del asesinato que acababa de cometer; pero luego se serenó al oír la misma voz que continuó así:

–Soy Antonio, niño, ¿no me conoce su melcé?
–Y bien, ¿qué quieres? ¿está lista la volanta?
–No, señó, niño polque su melcé no me dijo que la pusiera.
–Ve corriendo a enganchar las mulas.
–Sí señó; pero el niño Manolo me mandó que llamara a su melcé.
–¿Dónde está?
–En el batey esperando a su melcé.
–Adelántate, y dile que estoy aquí.

Apenas vio Claudio a su amigo, le dijo, arrojándose en sus brazos:
–Acabo de matar a Conchita.
–¿Cómo? ¿tú?
–Sí, yo, con mis propias manos.
–Si no ha muerto, hombre.
–¿No? –exclamó Claudio entregándose a todo el delirio de su alegría–. Quiero verla.
–Cálmate, por Dios, y sabe la causa de este cruel acontecimiento. Conchita no está muerta, pero continúa en un letargo profundo.
–¿No está muerta? –repetía Claudio–. ¡Ah, sí tú supieses lo que yo he sufrido, Manolo!... Pero... ¿ tienen sospechas de mí?
–¡Qué demonio, hombre! Cuando te digo que te tranquilices, créeme. Nadie sabe nada de lo que ha sucedido, sino que la muchacha fue encontrada en medio del bosque junto de una caña brava, tendida en la hierba y, sin conocimiento. Primero la creyeron muerta; la trajeron a la luz de las antorchas seguida de perros que aullaban, de gente que gritaba, del padre que lloraba y de los negros dispuestos a llevarla a casa;

pero bien pronto conocieron que respiraba, y el médico del cafetal asegura que no está más que desmayada. Se atribuye el caso al calor del baile.

—¿Y nadie sospecha la verdad?

—Yo mismo no la sabría si al tiempo de empezar a buscar a Conchita, no hubiese visto entrar a Carmen con el vestido descompuesto y sumamente turbada. Corrí a buscarte, y aumentadas mis sospechas con tu ausencia, envié una porción de negros a que te saliesen al encuentro y te informasen del caso. Ahora dime cuál es el misterio.

Claudio se lo contó todo brevemente a su amigo, y le pidió consejo. Manolo, antes de responder a su pregunta, le dijo:

—Bien noté yo que después de haber encontrado a la niña los perros querían seguir otra pista; y sospechando alguna diablura tuya, mandé al mayoral que los detuviese.

—Pero hombre, aconséjame, ¿qué debo yo hacer? Si Conchita muere, Manolo, me levanto la tapa de los sesos.

—Perfectamente; pero empecemos por entrar en la casa.

—¿Y si ella me ve?

—Te digo que no está en estado de conocerte. Vamos, ven. Nadie sospecha nada, y tu fuga podría descubrirlo. Valor, pues; dame el brazo.

Y se llevó consigo a su amigo.

La primera persona que se presentó a su vista al entrar en la sala, fue el capitán Marena del brazo de su mujer y pronto a marcharse.

—¿Usted aquí, Claudio? —dijo el capitán así que lo vio— ¿de dónde viene? El paladín de las hermosas ¿dónde ha estado que no ha socorrido a su prometida? ¿Ignora usted lo que acaba de suceder?

—Estaba de visita aquí enfrente, en el cafetal de Herrera —respondió Manolo—, yo he ido a buscarlo, y si hubiese previsto el efecto que debía causarle la noticia, no se la hubiera dado.

—Valor, amigo —dijo el capitán a Claudio con aire de conmiseración—, eso no será nada; la muchacha ha probado por primera vez el champagne, y nada más.

—En efecto... —respondió Claudio, todavía sin recobrarse, y levantando los ojos, se encontró con los de Carmen, que mostraba su deseo, de partir con muestras de impaciencia.. La mirada de Claudio revelaba el embarazo y la vergüenza; pero la de Carmen respiraba la cólera y el desprecio. Claudio, temeroso y abatido, no tenía para ella el prestigio que antes la había seducido; su humildad y su turbación le hacían casi ridículo a sus ojos; y en aquel instante el capitán, con sus salidas de pie de banco, su imperturbable aplomo y sus derechos de protección, le parecía muy superior al tímido Claudio.

–Vámonos Marena –dijo con un movimiento lento de impaciencia– me siento algo mala.

–Vamos, china. Adiós, señores; las mujeres son tan delicadas, y es menester un cuidado con ellas...

Y se dirigió a la puerta con su mujer, la cual dirigió al salir una mirada terrible a Claudio.

–Dos enemigos menos –dijo Manolo a su amigo—, vamos, valor y entremos. ¡Qué hombre tan imbécil! ¡Unas ganas me daban de echarme a reír.

A Claudio le faltaron las fuerzas al acercarse al cuarto de Conchita; temblaron sus rodillas y tuvo que sostenerse contra el quicio de la puerta. Su conmoción se aumentó todavía cuando, alzando los ojos, vio a la pobre niña acostada en una cama, con los cabellos sueltos, los ojos cerrados y el vestido manchado de sangre. Un sentimiento indecible de remordimiento y de compasión atormentó de nuevo su alma y creyó ver en aquella sangre preciosa una prueba indudable de su crimen.

Doña Catalina, a la cabecera de la cama, y con la cabeza inclinada sobre ella, miraba fijamente a su hija, mientras que sus lágrimas caían una a una sobre aquellas manos que apretaba entre las suyas. Al oír abrir la puerta volvió la cabeza, y apenas vio a Claudio, cuando corriendo hacia él y echándole los brazos al cuello, prorrumpió en sollozos y le dijo:

–¡Ay! venga Ud. Claudio de mi alma; venga a partir mi dolor; Ud. que la quiere tanto, mire en qué estado me la han traído, mírela inanimada, moribunda, y dígame si hay valor para esto.

Claudio sostuvo a la pobre madre en sus brazos; pero estaba temblando y no pudo responderla.

Cuando se calmó un poco doña Catalina, Claudio se puso en un rincón del cuarto, enfrente de la enferma. ¡Pobre niña! –decía con toda la amargura de su alma– ¡Pobre niña! ¡Qué hombre no hubiera puesto su orgullo en ser amado de ti y en poseerte! Tú me habías preferido a todos tus adoradores, y yo he jugado con tu amor, y te he sacrificado a una pueril vanidad; pero si es tiempo todavía, yo te vengaré de mi pasada crueldad con una vida de amor y de expiación. Corrieron de sus ojos algunas lágrimas, y Conchita le pareció más hermosa que nunca. La energía que había desplegado la engrandecía a sus ojos, y la encontraba un nuevo atractivo desde que ella había sabido resistir a su ternura y a su voluntad. Claudio no era malo por naturaleza; sus vicios eran el resultado de una mala educación, y la corrupción de sus costumbres no había penetrado en su alma. Habiendo pasado su primera juventud en la disipación y en los placeres de Europa, su imaginación se había acostumbrado desde muy temprano a convertir sus pasiones en vicios y en pasatiempos; e ignorando la trascendencia de ciertos actos de la vida, no sabía prever las consecuencias de sus acciones culpables e inocentes.

Después de haber pasado la noche bastante tranquila la enferma, fue acometida por la mañana de una calentura ardiente, acompañada de delirio. Aparecieron manchas negras en su rostro, en sus brazos, y particularmente alrededor de su cuello, donde aparecían señales como de dedos. Esta circunstancia despertó las sospechas, y cien otras las confirmaron. Muchas personas, entre otras el guajiro que estaba cantando, dijeron haber oído durante la noche ruido de pasos en la guardarraya. El viejo *guardiero* a quien se le preguntó, confesó que había escuchado a la *niña* llamar a su madre; pero que había creído que se estaba paseando, y no se había meneado. Para apartar las sospechas que pudiesen recaer en su amigo, Manolo las hizo recaer en algún negro, culpable sin duda del atentado. Esta hipótesis puso el colmo a la desesperación de los padres de la niña, y al horror y la indignación de sus amigos.

La gente del cafetal se puso en movimiento para ir a buscar al culpable; pero en vano: el culpable no apareció. Entre tanto Claudio permanecía tristemente a la cabecera de la enferma, y parecía espiar sus menores movimientos. El delirio se fue aumentando por grados, y la enferma comenzó a pronunciar palabras interrumpidas: "¡no... no me ahoguéis... bárbaro!... ¡socorro!... ¡que me matan!... ¡Carmen!... ¡Claudio!... ¡seductor!... ¡asesino ...!" Y llevándose las manos a la garganta, levantaba los brazos como para rechazar un peligro; y si tal vez llegaba a distinguir a Claudio, daba gritos terribles, y su terror y su delirio no tenían límites. Claudio, clavado allí, pálido, temblando, cubierto de un sudor frío, y con los ojos fijos en el techo, no tenía fuerza para arrancarse de allí, y permanecía inmóvil entre indecibles angustias. Parecía la estatua del miedo.

Esta crisis duró seis días; al séptimo la enfermedad comenzó a ceder a la abundancia de las sangrías y a un régimen que agotó enteramente las fuerzas de la paciente. Claudio no la dejaba un solo momento, y partía con la madre sus cuidados. Al séptimo día don Antonio consiguió de su mujer que reposase algunas horas, y Claudio se encargó de reemplazarla. Sentado a la cabecera, contemplaba su rostro enflaquecido por la enfermedad, sus labios descoloridos, y su frente lisa y húmeda, en que se revelaba todavía el sufrimiento. El alma de Claudio, conmovida de piedad y de amor, se lanzaba hacia ella, y acometido de una idea dolorosa exclamaba en voz baja: "he aquí mi obra". Despertóse Conchita, miró alrededor del cuarto, y sus ojos se volvieron hacia Claudio, a quien hasta entonces no había distinguido. Al verlo se reclinó, y poniendo el codo en la almohada, apoyó su cabeza en la mano, y permaneció inmóvil con los ojos fijos en él. Sus mejillas se colorearon, sus cabellos cayeron en negras trenzas sobre su pecho descubierto y señalado todavía de los golpes que había recibido. Claudio se quedó aterrado como si estuviese delante de su eterno juez. Al cabo de algunos instantes corrieron dos gruesas lágrimas de los ojos de la joven, y resbalando por su rostro, cayeron en la almohada; volvió a inclinar la cabeza y pareció quedarse dormida.

Algunos días después ya estuvo en estado de que la llevasen a su casa; pero le quedó una enfermedad de languidez, y guardó el más profundo secreto sobre el acontecimiento del que había sido víctima. Vanos fueron los ruegos de sus padres y de sus amigos; su respuesta fue siempre el silencio. Claudio continuó dispensándola grandes atenciones y la pidió en matrimonio; pero con gran sorpresa de todos, Conchita rehusó con dulzura, sin justificar su repugnancia con ninguna razón plausible. Los ruegos y las lágrimas de su madre no alcanzaron nada de ella; sólo consiguieron aumentar su pasión por la soledad. La habían llevado a la Habana para procurarle los socorros de la medicina y para distraerla; pero renunció al mundo, y se alejó de sus amigas y compañeras de infancia. Su languidez se aumentaba por grados; se la veía debilitarse de día en día y de hora en hora. Excitado por tanta resistencia y por la negativa formal que había recibido, Claudio no perdonó ningún medio para tener con ella una explicación; pero toda la astucia de Francisca no consiguió sino hacerla importuna a su ama, la cual rogó a su madre que le pusiesen en su lugar una joven esclava *mandinga bozal*, que no sabiendo hablar español, fuese más inaccesible a la seducción. El sacrificio de su negra le fue sin embargo muy sensible, y se aumentó su tristeza. Creyendo su madre que el matrimonio restablecería su salud y no atribuyendo su negativa sino a un capricho propio de su estado, no cesaba de instarla y suplicarla en favor de Claudio. Conchita guardaba silencio, y persistía en su resolución. Asediada por todas partes, se determinó en fin a pedir a su madre que la enviase al campo a casa de una tía suya, donde esperaba encontrar la calma y la salud. Doña Catalina, para quien la voluntad de su hija se había hecho una ley, consintió en ello, y determinó el viaje. El día antes Conchita se sintió peor. Una noche de insomnio, desmayos continuos y una opresión dolorosa habían agravado su estado.

Por la tarde pidió la volanta para ir a la iglesia y rogar a Dios por la felicidad del viaje; pero quiso ir sola. Doña Catalina no tardó en seguirla, a pesar suyo, y permaneció a la puerta de la iglesia esperando a que saliese. Era ya de noche y no apareciendo, doña Catalina entró en la iglesia.

Una ligera claridad caía de lo alto de las vidrieras que coronaban la cúpula y esparcía una luz incierta sobre el enlosado donde se proyectaban las columnas del edificio. Aquella pobre madre se adelantaba con precaución y lentitud; sus ojos debilitados por el llanto no descubrían su tesoro.

Entre tanto la noche acababa de cerrar, y Conchita no aparecía; doña Catalina tuvo que salir de la iglesia porque volvió el *rosario* y se cerraron las puertas. Una vez fuera, se dirigió a su casa en la esperanza de encontrar a su hija en ella; pero Conchita no estaba allí, y su *calesero*, después de haberla esperado a la puerta de la Merced hasta la oración, había vuelto en la persuasión de que se había venido con su madre.

La inquietud de doña Catalina y de don Antonio era inexplicable; enviaron a buscarla a todas partes, pero en vano. Ningún indicio, ninguna esperanza venían a consolarlos, y pasaron la noche en el más profundo dolor.

Al día siguiente al amanecer, cuando el sacristán fue a encender los cirios de la virgen, tropezó con un bulto blanco... Era el cuerpo inanimado de Conchita sostenido en el altar de nuestra señora de la Merced... Estaba sentada con la cabeza apoyada en un ángulo del altar, y sus dos manos convulsivamente cerradas, apretaban contra sus labios un guante blanco, húmedo todavía de lágrimas, cuyas últimas gotas se habían helado en las mejillas lívidas de la niña... Conchita estaba muerta.

Se acuerdan todavía en Londres y en París de haber visto en los salones de buena sociedad un joven americano español, de buena figura, de distinguidos modales y que vivía con gran lujo. Rodeado de atenciones y de simpatías, pero frío a todos los afectos; disipado, pero indiferente a todas las seducciones y a todas las bellezas del arte y de la naturaleza; parecía uno de esos cuerpos que se han hecho insensibles por el exceso del sufrimiento, y que sólo responden con la inercia a los remedios más eficaces de la medicina.

CARTA X
Un día en la Habana. Mediodía. La una. La seis. La noche. Los quitrines y las volantas.

¡Dichoso, mi querido Damer, quien sólo ve como vos el lado agradable de las cosas! Para esos caracteres bendecidos del cielo, ¡qué contrastes, qué goces tan variados en la vida, y cómo hacen participar de ellos a los demás! ¿Os acordáis de aquellas singulares conversaciones que me hacían reír tanto en Londres? Yo quisiera pagaros ahora aquel placer, y no es ni voluntad ni asunto lo que me falta. El sol del país obliga a los habaneros a hacer mil cosas que chocan a los europeos. Hubiera yo querido que me hubieseis acompañado ayer en mi paseo en quitrín por las calles de la capital ¡Qué de ocurrencias picantes, qué de ingeniosas anécdotas no se os hubiesen ocurrido, y cuánto más ligeramente me hubiera parecido que corría mi carruaje! ¿Sabéis que sería un magnífico diorama si el mismo espectador pudiese contemplar al mismo tiempo lo que pasa a la misma hora en las grandes ciudades europeas, americanas y asiáticas? Aquí todo el mundo se acuesta, allí todo el mundo se levanta; aquí empiezan las sesiones de las Cámaras; en otra parte se pasea el sultán tranquilamente en las aguas del Bósforo. A las nueve de la noche se cierran a la vez todas las tiendas de Basilea para dejar la ciudad en el más profundo silencio, y ésta es precisamente la hora en que todos las tiendas de Londres aparecen radiantes con todos sus rayos mercantiles. A las dos de la mañana se duerme en Berna, se baila en Venecia, y se baila en París.

Nuestra vida tropical, obligándonos a huir de la tiranía del sol, cambia completamente el empleo ordinario de la horas y produce escenas enteramente originales. Seguidme por las calles de la Habana a la una del día y no hallaréis ni vida, ni ruido, ni movimiento. ¿Dónde está la gente? ¿dónde los amores? ¿dónde los dolores? ¿dónde todo lo que ocupa a los hombres? Las casas pintadas de blanco reposan con sus grandes ventanas y sus rejas de hierro bajo los fuegos del día; ni un animal siquiera en las calles. Precisamente a la hora en que los ingleses, lanzándose como flechas por las aceras de su capital, forman corrientes contrarias de hombres que se suceden y se chocan no sin peligro. Apenas de tiempo en tiempo atraviesan lentamente la calle algunos conductores de cajas de azúcar o algún perezoso carro. A esto viene a reducirse el gran movimiento mercantil que dos horas antes atronaba la ciudad, y que debe volver a comenzar bien pronto. Os parecería un cuerpo cuya sangre ha suspendido su circulación, como sucede en esas enfermedades singulares que paralizan la vida sin extinguirla, y que producen en medio de la vida una muerte pasajera.

He aquí las calles de la Habana; el polvo de Herculano y de Pompeya no es más ardiente ni está más desierto. Pero penetrad conmigo en las casas; el movimiento se ha retirado a ellas. Las madres y las hijas han dejado el piano y la costuras; las coqueterías, las intrigas, las pasiones, los amores, todo lo que constituye el carácter de la mujer se despliega en estos momentos en medio del reposo general. ¡Oh! cuánto se divertiría Ud. con su indulgencia por los pecadillos de corazón, con estas escenas amorosas cuyo teatro son algunas calles apartadas! Porque aquí el sol hace el papel de la luna para proteger los amores y sus ardientes rayos espantan a los importunos como en otras partes las sombras de la noche.

Aquí la cortina exterior de la ventana es levantada por una mano blanca y pequeña; en otra parte una de las hojas de la persiana cede a una presión misteriosa, y aún podría Ud. distinguir, si estuviese aquí, algún par de ojos negros del mediodía, de éstos a que una porción de poetas han atribuido más fuego que al sol. El corazón palpita, el pulso late, el oído escucha atentamente el menor ruido que suena en el interior de la casa, porque allí está la mamá durmiendo la siesta. Por una hábil previsión la muchacha ha dejado en la mesa de costura las agujas y el bordado, y si suenan los pasos de la madre, al instante aparece trabajando con ardor. La alarma ha sido falsa, y entonces se vuelve a sentar a la ventana a esperar la llegada del joven estudiante que aguanta el sol y corre a la señal convenida. En la calle vecina otro enamorado más hábil todavía entra en una casa preguntando por una persona que no debe encontrar jamás. En vano la reja de hierro se interpone entre los rostros que se aproximan y las ardientes mejillas que se tocan; pero suena el ruido, y la niña cuyos labios temblorosos acaban de sentir un ardor delicioso, grita en voz bastante alta para que su madre lo oiga: –"No señor, don Tadeo vive dos casas más abajo".

Ud. no sería muy severo con estos jóvenes, estoy segura de ello. Pero he aquí un paseante cuya cólera os hará reír; marcha lentamente con un rollo de papeles debajo del brazo, y hace espantosos mohines; es un abogado que ha equivocado la hora, y debía estar hace mucho tiempo en la Audiencia: sus compañeros han salido ya fumando un cigarro, le encuentran y se ríen de el. Pero lo que aumenta su mal humor es la pereza que le ha hecho perder dos onzas de oro que le había prometido un acusado si le sacaba de la cárcel. La causa se ha visto, el preso debe ser puesto en libertad, y por consiguiente se guardará sus dos onzas.

Así, pues, a la hora de que hablo a Ud. el movimiento es la excepción, y el reposo la regla. No hay más que decir: hasta los presidiarios abandonan su trabajo para dormir un rato bajo un cobertizo. El negro se tiende a la sombra de un carretón, y las vendedoras de ananás se duermen con los brazos cruzados.

Pero bien pronto vuelve a despertarse y a removerse todo aquel hormiguero humano. Vuelven a correr los quitrines y a renacer la vida; la gente que pasa forma círculos alrededor de las pirámides de ananás, cuyas vendedoras gritan: "cinco por medio". Los ricos, los elegantes, los ociosos, acuden a la puerta de la Lonja, como si dijésemos nuestro café de París, cuyos brillantes salones encierran todos los pasatiempos dispendiosos. Venga Ud. conmigo a la Lonja.

Vea Ud. ahí venir un hombre muy apresurado con la cara muy satisfecha y frotándose las manos. Es un agente de negocios que vuelve a emprender sus negociaciones y sus visitas. ¿Sabe Ud. por qué viene tan alegre? Porque aquella mañana ha hecho un negocio usurario en favor de un comerciante que le da doce onzas de oro por su trabajo. El negociante espera sacar mil duros del negocio; pero cuenta sin el huésped; el prestamista es más listo que el usurero, y el agente más listo que todos ellos; el prestamista se guarece con una ley caritativa que corresponde a la sección de bienes de la jurisprudencia francesa que se llama ley de espera; se va a sus tierras, y allí, como dicen los habaneros con una de sus expresiones más significativas, se dedica a *fomentarse,* mientras que el acreedor llora su capital expuesto y sus mil pesos perdidos, y mientras, nuestro agente de negocios da una vuelta a su casa con las doce onzas.

Apenas suenan las dos todo vuelve a su curso y a su movimiento ordinario; los negocios, el comercio, las visitas hacen circular la población de todos los colores entre el polvo de nuestras estrechas calles. La mujer, sin embargo, se da poco al público; sólo las negras se pasean por todas partes con los hombros y el pecho descubiertos, con un cigarro en la boca y echando torrentes de humo; se sientan en las puertas de las casas y juegan con el niño blanco, que llevan en los brazos.

Hasta esta hora ha sido el movimiento de los negocios; de allí a poco empiezan los placeres, el lujo y la ociosidad. A las seis todos los quitrines aguardan a la puerta de las casas; las mujeres con la cabeza descubierta y flores naturales en ella y los hombres de frac y corbata, chaleco y pantalón blanco, todos perfectamente vestidos, suben cada uno a su quitrín y van al paseo de Tacón, a aquellas bellas alamedas donde, sea por ociosidad, sea por indolencia o por orgullo, nadie pasea a pie. Por todas partes se deslizan las *volantas*, dignas verdaderamente de este nombre, y en las cuáles se veía la voluptuosidad habanera recostada con negligencia y gozando del soplo ligero de la brisa.

Al volver de paseo las mujeres van a hacer sus compras. Los quitrines cruzan en todas direcciones, y las calles ofrecen un aspecto tan animado como placentero. Entonces es cuando las mulas y los caballos rivalizan en ligereza, y cuando se ve pasar como una exhalación en su volanta a las jóvenes habaneras de blanca frente y de negros ojos, bañadas en la claridad de la luna de los Trópicos. ¿Pasa tal vez por delante de ellas un carruaje de mala hechura o de origen equívoco? Las elegantes jóvenes se desatan en epigramas y en carcajadas; al fin se paran delante de una tienda, y los géneros más ricos y todos los caprichos de la moda se van desplegando sobre sus rodillas en mitad de la calle.

Vuestras rubias duquesas de Londres y de Edimburgo no tienen ciertamente un coquetismo tan imperioso como estas hermosuras morenas acostumbrados al mando y a la opulencia; y si las mujeres del Norte se distinguen por su languidez más desdeñosa, hay en estas hijas del sol una vivacidad más altiva y más petulante, aunque disfrazada bajo formas mórbidas y voluptuosas.

Las calles se pueblan bien pronto de quitrines, carruaje particular de nuestra isla, y demasiado curioso para no describirlo. Lo que primero se ve es un negro y dos ruedas; las ruedas sostienen una especie de cabriolé de caja muy baja; el negro va magníficamente vestido y montado en una mula. Lleva unas botas perfectamente charoladas que sólo llegan hasta la clavija, y dejan ver la caña de la pierna negra y lustrosa; un zapato perfectamente charolado y adornado de un lazo completa este singular calzado compuesto de dos partes. Su pantalón de lienzo blanco y los escudos de armas bordados en los galones de su casaca hacen resaltar más y más el ébano de su tez y los diferentes matices negros de su calzado y de su sombrero de galón. Dos varas rectas aprietan los costados de la mula, cuyos arneses corresponden por su riqueza al brillante equipaje del *calesero*.

Los quitrines se vuelven con dificultad; pero gracias a la inmensidad de sus ruedas no se vuelcan ni aún en los peores caminos. Esta ventaja está suficientemente compensada por la dificultad de esquivar los tropiezos cuando se encuentran muchos de ellos en las calles estrechas de la Habana. A las ocho empiezan a desembocar quitrines por todas las bocacalles, y aquellos caleseros que corren tanto no saben jamás dónde van. El amo o el ama se contenta con indicárselo desde el fondo del carruaje al negro que jamás vuelve la cabeza, y que sin embargo nunca deja de oír ni de obedecer con la muleta a las palabras: "*a la derecha, a la izquierda*". Frecuentemente se paran delante de una tienda, y se ve un carruaje que trata de obtener del calesero se haga a un lado, se oye salir del quitrín una voz femenina que dice: "*no te muevas, Juan, no te muevas por nadie*", y la calle permanece escombrada de quitrines.

Luego suena la misma voz desde lo alto de un balcón: "*Juan, no te muevas que estás a la puerta de tu casa*"; la cual os hará conocer, mi querido Damer, que la Habana ejerce una especie de despotismo. No os lo negaré, y aún puedo añadiros que esta independencia y este imperio de nuestro sexo están más justificados por el uso que en general hacen los habaneros de su independencia y de su libertad.

Pero ya son las diez, y comienza la tertulia: aunque uno llegue a su casa, la *volanta* permanece a la puerta aguardando que un capricho o el deseo de tomar el fresco con un amigo sin interrumpir la conversación os hagan volver a dar otro paseo. Así se suele ir a la orilla del mar; la cortina o tapacete protege a los que quieren ocultarse a los ojos de las gentes, sin impedir que se oiga y se vea desde lo interior todo lo que pasa.

El quitrín o la volanta, con su carácter particular, su extravagante conductor y su mula al trote, tienen alguna cosa de misterioso y de singular que recuerda la góndola de Venecia, excepto la silenciosa poesía de las lagunas que habla a la vez a la ilusión y al amor. Así se pasean las habaneras de un extremo a otro de la ciudad, desde las seis de la tarde, hasta las doce de la noche, y sin poner el pie en tierra. ¿Entran por casualidad en una tertulia? El abrir y cerrar de los abanicos que se agitan cadenciosamente, el silencio apenas interrumpido por algunas palabras, las señoras vestidas y colocadas en círculos, recuerdan la elegancia de la antigua España. Pero las grandes puertas abiertas de par en par, las bujías encerradas en fanales de cristal, los grupos de hombres que hablan en los balcones o circulan en los corredores, los enormes faroles que de espacio en espacio arrojan su luz en los corredores y en los balcones, la belleza de este punto de vista que parece desde la calle una iluminación mágica, os recuerdan que estáis bajo el cielo de Antillas en medio de las costumbres criollas.

Se adelanta la noche, y la actividad de los pensamientos de las intrigas y de los placeres que ha estado dormitando durante el día fermenta, se anima y se exalta hasta lo infinito. La vida es aquí encantadora por la noche. El aire fresco y voluptuoso de la tarde reemplaza al calor sofocante del día bajo un cielo tan claro como si el disco de la luna lo ocupase todo, y la brisa del mar penetra a través de los poros abiertos por el calor e infunde a la vida nueva energía. En la calma de una de estas noches es cuando se siente la embriaguez de nuestro clima, cuando se comunica de vena en vena y de corazón a corazón; entonces es cuando aquí comenzamos a vivir no para los negocios ni para el comercio, no para la vanidad y para el público, sino para nosotros mismos, para nuestras afecciones y para nuestros placeres.

JOSÉ LEZAMA LIMA

La Habana (2da Ed.)
JLL interpreta su ciudad

I.S.B.N.: 978-84-7962-477-4

"Quien no vea la Cuba profunda, la Cuba real y verdadera que hay en la obra de Lezama, tendrá suficiente, me parece, con la lectura de estas páginas sobre el ser y el existir de La Habana."

"GASTÓN BAQUERO

"Estas páginas de Lezama Lima corroboran magníficamente cómo el reino de su poesía, de las eras imaginarias y de la posibilidad infinita, caminaron siempre y firmes, sin utopías evasivas o ingenuas, de la mano de José Martí, por la realidad cubana. Tras cotejar, ordenar, analizar y comentar estos artículos, puede ofrecerse un balance donde la invitación a leer La Habana es gratitud y desafío."

"JOSÉ PRATS SARIOL

José Lezama Lima (La Habana 1910-1976) es universalmente conocido por su obra poética, magisterio que se extiende a la narración y el ensayo. Su novela Paradiso (1966) es referencia obligada de la literatura del siglo XX en lengua española.

Como Dublín para Joyce, Buenos Aires para Marechal y Montevideo para Benedetti, La Habana –"esta ciudad se va desarrollando en el oleaje de sus inmensas y orgullosas súmulas– es para Lezama Lima el eje orbital de sus sueños y sus pesadillas.

Made in the USA
Monee, IL
03 May 2026

49438741R00104